VESTISCHE

Wir fahren Linie

Klartext

AUF LINIE

Menschen, Mobilität und mehr –
100 Jahre *VESTISCHE*

Grußwort

Aus einer Gesellschaft mit wachsendem Mobilitätsanspruch ist der öffentliche Personennahverkehr nicht wegzudenken. Seit nunmehr 100 Jahren leistet die Vestische Straßenbahnen GmbH einen unerlässlichen Beitrag zur Entwicklung der Emscher-Lippe-Region.

In den Gründungsjahren der ersten Betreibergesellschaften von Straßenbahnlinien zu Beginn des 20. Jahrhunderts hatte der überwiegende Teil der Bevölkerung keine Möglichkeit, den Arbeitsplatz anders als auf dem Fußweg zu erreichen. Erst die Errichtung von Straßenbahnnetzen erlaubte eine Trennung von Wohnen und Arbeiten. Mit dem Ausbau des öffentlichen Verkehrsnetzes boten sich den Menschen im Ruhrgebiet immer mehr Gelegenheiten, die vorhandene und weiter wachsende Infrastruktur der Region zu nutzen. Der Besuch von Schulen, die Erledigung von Einkäufen und Behördengängen oder Kontakte zu Verwandten waren oft ohne die Straßenbahnen und später die Omnibusse der Vestischen kaum möglich. Die öffentlichen Verkehrsmittel waren zu dieser Zeit für die breite Bevölkerungsmehrheit der einzige Garant für Mobilität. Autos gab es kaum und selbst ein Fahrrad war für die meisten Menschen unerschwinglich.

Als zu Beginn der zweiten Hälfte des 20. Jahrhunderts das Auto zunehmend zum Konkurrenten der Busse und Bahnen wurde, zeigte sich auch bald die Schattenseite dieser Entwicklung: Umweltverschmutzung, Unfälle, Staus und Parkplatzchaos sind die Folgen des immer weiter steigenden Individualverkehrs. Für die zukünftige Entfaltung der Emscher-Lippe-Region als lebenswertes Umfeld für seine Bewohner spielt die Vestische Straßenbahnen GmbH als leistungsfähige und umweltfreundliche Alternative eine tragende Rolle. Sie garantiert die schnelle und bequeme Erreichbarkeit der Arbeitsplätze, der Innenstädte und der Freizeitziele und ist für Kinder die sicherste Möglichkeit, den Schulweg zurückzulegen.

Daher ist es umso wichtiger, in Zeiten angespannter öffentlicher Haushalte und zunehmenden Wettbewerbsdrucks durch die EU, die Vestische in ihrer heutigen Struktur zu erhalten, damit sie ihren Kunden auch in Zukunft ein attraktives Leistungsangebot auf dem gewohnten hohen Qualitätsstandard bieten kann.

Hubert Schulte-Kemper
Vorsitzender des Aufsichtsrates

Vorwort

Am 9. Mai 2001 feiert die Vestische Straßenbahnen GmbH ihr 100-jähriges Bestehen. Die Geschichte der Vestischen ist gleichzeitig ein Stück Ruhrgebietsgeschichte, sie ist eine Erinnerung an erfolgreiche und glückliche Jahre, aber auch an schwere und entbehrungsreiche Zeiten, die die Vestische mit den Menschen der Region geteilt hat.

1901 als Betreibergesellschaft einer einzigen Straßenbahnlinie gegründet, entwickelte sich das Unternehmen zum zuverlässigen Partner der Menschen in der gesamten Emscher-Lippe-Region. Die Vestische bietet seit 100 Jahren ihren Kunden Mobilität und leistet einen wesentlichen Beitrag zur Schonung der Umwelt. In dieser Funktion unterstützt das Unternehmen nicht zuletzt auch die wirtschaftliche Entwicklung im nördlichen Ruhrgebiet. Die Leistungen der Vestischen im Dienste ihrer Fahrgäste sind geprägt vom Pioniergeist des frühen 20. Jahrhunderts, von Aufbau und Innovationsfreudigkeit und großem Engagement der Mitarbeiter, die die Vestische trotz zweier Kriege und schwerer Wirtschaftskrisen zu einem leistungsfähigen Unternehmen machten. Heute fahren die Busse der Vestischen mehr als 20 Millionen Kilometer pro Jahr, in einem Bedienungsgebiet von über 1.000 Quadratkilometern mit rund einer Million Einwohnern.

In diesem Buch mag so mancher die Gesichter und Geschichten von alten Bekannten entdecken, aber auch für all jene, die Liebhaber von Bussen und Bahnen oder einfach nur Freunde des Ruhrgebietes sind, ist dieses Buch eine unterhaltsame Reise durch die Zeit. Unser herzlicher Dank gilt allen, die bei der Entstehung dieses Bandes mitgewirkt haben. Nur durch die Unterstützung aktiver und ehemaliger Mitarbeiter und von Straßenbahnfreunden konnte die Vielzahl der Fotos und Informationen zusammengetragen werden, die in diesem Buch enthalten sind. Es hat nicht den Anspruch, eine wissenschaftliche Forschungsarbeit zu sein, sondern ist vielmehr ein Lesebuch, das die Geschichte der Vestischen für jedermann verständlich erzählt.

Der englische Schriftsteller Oscar Wilde sagte einst: „Wenn man ein Buch nicht immer und immer wieder zu seiner Freude lesen kann, hat es keinen Wert, es überhaupt zu lesen.“ So wünschen wir den Lesern dieses Buches viel Freude beim Lesen und Anschauen, beim Blättern und Immer-Wieder-Zur-Hand-Nehmen.

Dipl.-Ing. Ulrich Rogat
Geschäftsführer

Peter Mörsch
Vorsitzender des Betriebsrates

Die Titelabbildung vorne: Busbahnhof in Recklinghausen (Foto: Jürgen Moers)
Die Titelabbildung hinten: Ein Fahrer mit Schaffnerinnen während des Ersten Weltkrieges vor dem Tw 18 (Baujahr 1907) mit Anhänger. (Sammlung Klaus Sziegat)

Die Deutsche Bibliothek – CIP Einheitsaufnahme

Auf Linie : Mobilität, Menschen und mehr – 100 Jahre Vestische /
[Hrsg.: Vestische Straßenbahnen GmbH. Text Sibylle Brakelmann ; Cornela Wegener].
1. Aufl. – Essen : Klartext-Verl., 2001
ISBN 3-88474-947-1

Impressum

Herausgeber:	Vestische Straßenbahnen GmbH, Westerholter Str. 550, 45701 Herten
Text:	Sibylle Brakelmann, Cornelia Wegener
Idee und Konzeption:	Norbert Konegen
Fotos:	soweit nicht anders benannt: Archiv Vestische Straßenbahnen GmbH
1. Auflage:	Januar 2001
Satz und Gestaltung:	Klartext Verlag, Frank Münschke
Lithografie:	Klartext Verlag, Elke Münschke dps – Bodo Lüders
Druck und Bindung:	Gulde Druck, Tübingen
Copyright	© Klartext Verlag, Essen 2001 © Vestische Straßenbahnen GmbH, Herten 2001
ISBN	3-88474-947-1

Inhalt

Die VESTISCHE rund um die Uhr

2.00 Uhr. Karl-Heinz Muth, einer der 27 Verkehrsmeister der Vestischen, verrichtet noch alleine seinen Dienst in der Leitstelle. Hier laufen alle Fäden zusammen: Über Funk wird der Kontakt zu den Bussen und Dienstwagen gehalten und bei Problemen wie Pannen, Unfällen oder Verspätungen kann umgehend Hilfe organisiert werden, damit es möglichst schnell wieder reibungslos weitergehen kann. Um diese Uhrzeit jedoch sind noch alle Wagen in den Hallen, doch schon bald wird die Ruhe hektischer Betriebsamkeit weichen. Ab 4.00 Uhr morgens sind beide Funkgeräte in der Leitstelle besetzt, mit den dazugehörigen Bildschirmen und Computerprogrammen kann jeder eingehende Funkspruch dem im Einsatz befindlichen Wagen zugeordnet werden – in den Spitzenzeiten sind es über 300 Fahrzeuge!

3.10 Uhr. Franz-Josef Gröteke ist zwar erst seit wenigen Minuten im Dienst in der Ausfahrt, doch schon wird's hektisch: Ein Fahrer hat sich krank gemeldet – Ersatz muss schnell gefunden werden. In der Ausfahrt wird überwacht, ob jeder zum Dienst eingeteilte Fahrer auch zur Schicht erscheint und ordnungsgemäß ausfährt, damit kein Fahrgast vergeblich auf seinen Bus wartet.

3.20 Uhr. Berufskraftfahrer Jörg Klein geht mit dem ersten Bus auf Linie. Ca. 200 Busse starten vom Betriebshof Herten aus ihre Touren, weitere ca. 60 vom Betriebshof in Bottrop. Hinzu kommen die Wagen der Privatunternehmer, die im Auftrag der Vestischen fahren.

4.00 Uhr. Der Personaldisponent Helmut Sombecki tritt seinen Dienst an. Er und seine Kollegen teilen die Schichten – die „Dienste" – für 650 Fahrerinnen und Fahrer ein. Jeder Fahrerdienst ist einem Schichtplan ähnlich, der festlegt, auf welcher Linie der Fahrer seinen Dienst beginnt und wann er während des Arbeitstages auf andere Linien wechselt. Bei der Einteilung der Fahrer zu bestimmten Diensten müssen die gesetzlich vorgeschriebenen Lenk- und Ruhezeiten auf jeden Fall eingehalten werden. Und natürlich darf bei der Verteilung von mehreren Hundert Diensten kein einziger vergessen werden!

5.37 Uhr. Inzwischen sind die meisten Fahrzeuge der Vestischen im Einsatz. Dieser Wagen hat Mitarbeiter und Mitarbeiterinnen der Hüls AG in Marl zum Tor 3 des Werkes gebracht. Seit vielen Jahrzehnten können sich die Arbeiter und Angestellten des Chemiewerkes auf die Vestische verlassen.

6.32 Uhr. Gerade hat der Hauptbetrieb in der Werkstatt des Betriebshofes Herten begonnen. 90 Mitarbeiterinnen und Mitarbeiter sind hier gemeinsam mit 30 Auszubildenden tätig. Kfz-Schlosser Eike Kinner (Mitte) arbeitet mit den Auszubildenden Frederick Gooden (li.) und Jeroen Lieps (re.) an einem defekten Motor. Alle Busse der Vestischen werden hier nicht nur Instand gehalten und repariert, sondern auch regelmäßig auf technische Sicherheit überprüft.

7.05Uhr. Auch Tanja Schütze und Hans Münich in der Polsterei haben ihre Arbeit aufgenommen. Die ist aber eher frustrierend: Vandalismusschäden müssen beseitigt werden. Jährlich entstehen der Vestischen durch diese unsinnigen Zerstörungen Unkosten von rund 400.000 DM. Kaum einer der Täter macht sich eine Vorstellung von der Größe des angerichteten Schadens: Pro Jahr sind es über 7.000 Sitze und Sitzbänke, die repariert werden müssen!

7.44 Uhr. Hauptverkehrszeit am Busbahnhof in Recklinghausen: Schüler und Berufspendler können sich auf die Vestische und die in ihrem Auftrag fahrenden Privatunternehmer verlassen. Mehr als 55 Millionen Fahrgäste gelangen jährlich sicher an ihre Ziele.

8.00 Uhr. Die Kernarbeitszeit in der Verwaltung beginnt. Alle Büros sind besetzt, 120 Angestellte und 13 Auszubildende haben ihre Arbeit aufgenommen. Auch Wilhelm Eckert (li.) und Jürgen Becker (re.) in der Verkehrsabteilung haben viel zu tun: Sie und ihre Kollegen erstellen Fahrplantafeln, verwalten die Haltestellen, organisieren die Ausbildung und den Einsatz des Fahrpersonals, koordinieren die Einsatzwagenplanung, berechnen die Leistungen der beauftragten Fremdunternehmer, überwachen bei Ortsterminen das Streckennetz und vieles mehr.

8.45 Uhr. Dienstbesprechung im Center Leistungsplanung. Hier werden die Linienwege und Anschlussverbindungen geplant, Konzessionsanträge für neue Linien erarbeitet und die laufenden Konzessionen verwaltet, die gesamte Verkehrsleistung statistisch erfasst und abgerechnet, die Taschenfahrpläne und Liniennetzpläne erstellt, Haltestellen eingerichtet und mehr.

9.00 Uhr. Die Busschule hat begonnen. Pro Jahr sind es fast 5.000 Kinder, die hier mit viel Spaß lernen, sicher und selbstständig öffentliche Verkehrsmittel zu nutzen. Berufskraftfahrer Volker Verriet vermittelt den kleinen Fahrgästen gerne alles Wissenswerte rund ums Busfahren. Die ca. 300 Grundschulen und weiterführenden Schulen im Bedienungsgebiet der Vestischen nehmen das Angebot gerne wahr, so dass – obwohl an allen 190 Schultagen Kindergruppen auf dem Betriebshof in Herten zu Gast sind – die Termine oft kaum reichen.

10.00 Uhr. Ein sonniger Tag lockt die Menschen zum Stausee in Haltern. Dies ist nur eines der zahlreichen lohnenden Freizeitziele, die mit der Vestischen schnell erreicht sind.

10.25 Uhr. Nobody's perfect: Gibt's mal Probleme oder Kritik von Fahrgästen, bemüht sich Rosemarie Müller gerne, alles wieder ins Lot zu bringen. Jede Kundeneingabe wird an die zuständige Fachabteilung weitergeleitet und dort überprüft. Nach der Beantwortung der Anfrage wird sie elektronisch erfasst und als „Kundenbarometer" ausgewertet, denn: Es gibt nichts, was man nicht noch besser machen könnte!

11.15 Uhr. Auch das kann mal passieren: Ein Fahrzeug hat einen technischen Defekt – kein Wunder bei bis zu 90.000 Kilometern pro Jahr! Über Funk hat Fahrer Reinhard Joepen den Schaden gemeldet und die Leitstelle hat einen der drei Servicewagen der Werkstatt angefordert. Am Berliner Platz in Oer-Erkenschwick behebt Volker Wolf den Schaden.

12.00 Uhr. Inzwischen ist die Leitstelle mit zwei Verkehrsmeistern besetzt. Die Funkmeldungen reißen nicht ab. Trotz Hektik heißt es: Kühlen Kopf bewahren. Ein dritter Verkehrsmeister (Harald Roggow, stehend) muss sich gleich auf den Weg machen – an einer Baustelle können die Busse die Straße nicht mehr passieren. Eine Umleitung muss eingerichtet werden. Mit Reinhard Buxel werden noch Details besprochen.

12.15 Uhr. Eine Aufgabe, die bei der Vestischen hohe Priorität genießt: Die Sicherung der Anschlüsse an die Züge der Deutschen Bahn AG. In vielen Fällen klappt – so wie hier am Bottroper Hauptbahnhof – das Umsteigen reibungslos.

12.28 Uhr. Wo reguläre Linien zu wenig genutzt werden, setzt die Vestische auf neue Bedienungsformen. Das Anrufsammeltaxi vom Waltroper Moselbach zum Ickerner Markt in Castrop-Rauxel zum Beispiel ist eines der gern genutzten Angebote. Monatlich befördern die Anrufsammeltaxen und Anruflinientaxen mehr als 2.000 Fahrgäste.

13.30 Uhr. Die Haltestelle „Willy-Brandt-Platz" in Gladbeck muss vorübergehend wegen einer Großveranstaltung aufgehoben werden. Verkehrsmeister Werner Reimann fertigt eine Information für die Fahrgäste an und beantwortet beim Aushängen gerne die Fragen der Wartenden. In seinem Dienstwagen hat er unter anderem auch Fahrkartendrucker und Fahrscheinentwerter. Sollte es in einem Bus Probleme mit diesen Geräten geben, können sie so schnell unterwegs ausgetauscht werden. Die Verkehrsmeister sind im Wechseldienst rund um die Uhr entweder in der Leitstelle oder mit den Dienstfahrzeugen im Bedienungsgebiet im Einsatz. So können sie bei Problemen wie Unfällen, Straßensperrungen oder Großveranstaltungen (Kirmes, 1. Mai etc.) binnen kurzer Zeit vor Ort sein.

14.10 Uhr. Im Bedienungsgebiet der Vestischen gibt es ca. 3.800 Haltestellenschilder und auch sie halten nicht ewig. Erwin Schulz erneuert hier die Beschilderung an einem Haltestellenmast am Dattelner Busbahnhof. Doch nicht nur solche Reparaturen halten das Wartungsteam in Atem: Bei Fahrplanumstellungen oder Tarifänderungen müssen Hunderte Informationstafeln ausgetauscht werden!

14.45 Uhr. Das schöne Wetter lädt zum Bummeln ein. Ohne Staus und nervenaufreibende Parkplatzsuche bringen die Busse die Menschen – wie hier am ZOB in Dorsten – bequem in die Innenstädte.

15.10 Uhr. Ulrich Neudenberger (vorne) und Bernd Pohlmann (hinten) haben im KundenCenter Recklinghausen alle Hände voll zu tun: Fahrscheine verkaufen, persönliche Fahrpläne erstellen, Tarife und Verbindungen erläutern, Fundsachen entgegennehmen und vieles mehr. Täglich werden in den Vorverkaufsstellen der Vestischen und ihrer privaten Partner über 10.000 Fahrgäste beraten.

15.35 Uhr am Gladbecker Oberhof. Niederflur macht's möglich: Für mobilitätsbehinderte Fahrgäste ist das Ein- und Aussteigen kein Problem mehr und auch Eltern mit Kinderwagen können bequem die Busse nutzen!

16.03 Uhr. Mit dem CE 50 erreicht man den Movie Park nicht nur schneller und bequemer als mit dem PKW – man spart auch noch die Parkgebühren und durch das KombiTicket, das gleichzeitig Fahr- und Eintrittskarte ist, die lange Wartezeit an den Kassen!

17.25 Uhr. Fahrerin Michaela Figisiak hat Feierabend. Kollege Gernod Scherdel löst sie am Rathaus in Gelsenkirchen-Buer ab. Für ihn ist die Schicht noch nicht zu Ende. Frauen in diesem ehemaligen „Männerberuf" sind bei der Vestischen schon lange keine Frage mehr: Fahrerinnen und Fahrer sind ein starkes Team!

18.35 Uhr. Auch das muss – leider – sein: Da die Einnahmeverluste durch Beförderungserschleichung jährlich mehr als 3 Millionen DM betragen, sind Fahrausweisprüfer im Einsatz. Manfred Niedenführ kontrolliert hier einen Fahrgast in einem Gladbecker Bus. Sein Fahrschein ist in Ordnung – vorbildlich! Was viele Fahrgäste nicht wissen, die ohne Fahrkarte einsteigen, ist die Tatsache, dass „Schwarzfahren" nicht nur eine einfache Ordnungswidrigkeit ist, sondern eine Straftat!

18.58 Uhr. Am Erin Zentrum in Castrop-Rauxel sind alle Fahrgäste ausgestiegen. Für diesen Bus war dies heute die letzte Fahrt. Er fährt von hier aus nur noch zum Hertener Betriebshof.

19.32 Uhr. Die ersten Wagen fahren ein. Feierabendstimmung.

21.05 Uhr. Dienstende auch für Panteleimon Pantazidis. Jetzt erfasst nur noch der Computer durch das Auslesen des Fahrermoduls die Fahrkartenverkäufe des heutigen Dienstes und dann geht's für Panteleimon ab nach Hause. Das Fahrermodul und die dazugehörige moderne Computertechnik dienen jedoch nicht nur zur Erfassung und Auswertung der Einnahmen. Mit seinem Modul steuert der Fahrer in den einzelnen Fahrzeugen auch die Außenbeschilderung, die Haltestellenanzeige im Inneren des Busses und den Betrieb der Fahrkartenentwerter.

21.35 Uhr. Der Betrieb bei der Vestischen ist noch lange nicht zu Ende. Der letzte Bus fährt erst um 1.24 Uhr ein. Die Fahrzeuge werden nachts gereinigt und gewartet:

Alle Fahrzeuge werden mit Dieselkraftstoff getankt. Pro Woche sind es fast 150.000 Liter Diesel, die die Fahrzeuge der Vestischen verbrauchen – damit legen sie pro Jahr ca. 20 Millionen Kilometer zurück. Betrachtet man den Energieverbrauch pro beförderter Person auf 100 Kilometern, so ist der Bus das umweltfreundlichste Verkehrsmittel.

Der Ölstand wird geprüft …

… und die Fahrzeuge gründlich von innen gereinigt.

1.32 Uhr. Startbereit für den nächsten Tag: Die Fahrzeugflotte der Vestischen.

Die Buswaschanlage wird mit Brauchwasser betrieben – das spart Geld und schont die Umwelt!

2.00 Uhr. Verkehrsmeister Burkhardt Theune ist alleine in der Leitstelle. Noch ist Zeit für einen Blick in die Zeitung, doch bald geht es wieder los!

Alle Fotos dieser Bilderserie: Peter Liedtke

Die Anfänge des Öffentlichen Nahverkehrs

Eine ungewohnte Perspektive: die Zeche Emscher-Lippe I/II in Datteln, die 1906 ihren Betrieb aufnahm, von schräg oben. Sehr gut ist auch 1932 noch die Bebauungsstruktur zu erkennen. Auf den Feldern oben links erhebt sich heute der Stadtteil Hagem.
(Kommunalverband Ruhrgebiet, Essen, Nr. 171a/26)

Wie fing es um die Wende vom 19. zum 20. Jahrhundert mit den Vestischen Straßenbahnen an? Am Anfang stand eine Idee – die Idee, sich die neue Erfindung „Strom" zunutze zu machen, um die Menschen einander näher zu bringen. Aber sehen wir uns zunächst die Situation in der zweiten Hälfte des 19. Jahrhunderts in unserer Gegend an. Die Menschen im Ruhrgebiet lebten von der Kohle, sie mussten „Kohle machen". Das Hauptabbaugebiet zog sich an der Ruhr entlang. Als Bohrungen nördlich von Essen zeigten, dass sich das unterirdische Steinkohlengebirge weiter nach Norden erstreckte als zunächst vermutet, „wanderte" der Bergbau zur Lippe hin. Die Menschen zogen der Arbeit hinterher und ließen sich im Emscher-Lippe-Raum nieder, in einer Region, die agrarisch geprägt war: Es gab nur verstreute Höfe und Kotten, einzelne Bauernschaften und kleine Kirchdörfer. Die Bevölkerung lebte hauptsächlich von Land- und Forstwirtschaft. Inmitten der Felder ragten nun die Fördertürme in den Himmel. Um sie herum scharten sich die Wohnhäuser der Arbeiter, die Zechensiedlungen, und um diese herum war – Land.

So entstand eine „Insel" nach der anderen. Der Kontakt untereinander gestaltete sich schwierig. Man ging schließlich zu Fuß – wer konnte sich schon ein Pferd oder gar eine Kutsche leisten? Das war etwas für „die Reichen". Und Autos gab es noch nicht. Der erste dreirädrige Kraftwagen der Welt, der die Einheit von Fahrgestell und Motor erkennen ließ, wurde 1886 von Carl Friedrich Benz entwickelt; ein Jahr später setzte Gottlieb Daimler erstmals einen Fahrzeugmotor in einen Pferdewagen ein.

Doch nicht nur der Weg von einer „Insel" zur anderen war eine Tagesreise. Wie sollten die Menschen zur nächsten Stadt kommen, zur Schule, zu den Behörden? Die Eisenbahn drang langsam überall vor. Im Vest wurde am 1.1.1870 die erste Strecke von Wanne über Recklinghausen nach Münster in Betrieb genommen. Doch sie war für die täglichen

Der erste Motorwagen von Carl Benz, 1886, erinnert noch eher an ein Dreirad – und doch markiert er den Beginn einer Epoche der individuellen Mobilität. *(Deutsches Museum München)*

Bedürfnisse zu weitmaschig angelegt, ihre Haltepunkte lagen zu weit auseinander.

Aus dieser Situation wurde die Idee des öffentlichen Personennahverkehrs geboren. Sie ist natürlich nicht erstmals hier aufgetaucht. Bereits Mitte des 17. Jahrhunderts gab es in Frankreich erste Ansätze hinsichtlich der Einrichtung von regelmäßig verkehrenden Kutschen. Aber erst zu Beginn des 19. Jahrhunderts wurde diese Idee wieder aufgegriffen mit der ersten Pferdeomnibuslinie in Nantes. Amerika kann stolz auf die erste Pferdestraßenbahn der Welt verweisen, die 1832 in New York ihren Betrieb aufnahm. Sechs Jahre später gab es in Dresden den ersten deutschen Pferdeomnibus, und 1855 zog Europa mit den ersten Pferdestraßenbahnen nach – in und um Paris. Hier entstand 30 Jahre zuvor der Begriff „Omnibus“: lateinisch „für alle“. Seit der Mitte des Jahrhunderts war dieser Begriff auch in Deutschland allgemein bekannt.

Doch nun vom weltstädtischen Flair zurück in heimische Gefilde. Ein Fuhrunternehmer namens Fork richtete 1888 zwischen Recklinghausen und Herten eine Pferdeomnibuslinie ein. Bis dahin gab es zwar schon die Pferdedroschken, die auf Anforderung hin die Fahrgäste zum Ziel brachten, doch dieser Herr Fork fuhr eine bestimmte Strecke nach einem festen Fahrplan mit festgelegten Haltestellen.

Zunächst reichte es aus, wenn Fork mit seinem Omnibus die Strecke viermal am Tag fuhr. Doch ist erst einmal ein Angebot zur Befriedigung eines Bedürfnisses vorhanden, so steigt schnell die Nachfrage. Ein wohl durchaus menschlicher Vorgang, der in diesem Fall zu einer Verdichtung des Fahrplans führte. Das bedeutet, der Pferdeomnibus fuhr immer häufiger, bis er schließlich im Jahre 1900 zehnmal am Tag verkehrte. Fork musste seinen Bestand an Pferden drastisch erhöhen, um den Ansprüchen der Fahrgäste genügen zu können. Dabei geriet er in die Bredouille, weil auf der einen Seite die Investitionen (die neuen Pferde mussten bezahlt werden) und die Unterhaltungskosten (er brauchte mehr Stellplätze, Pfleger und Futter für die Tiere) enorm stiegen, er aber auf der anderen Seite die Fahrpreise nicht zu drastisch erhöhen konnte. Denn dann wären weniger Leute mitgefahren, und sein Omnibus sollte schließlich „für alle“ sein. Ein Problem, an dem sich im Grundsatz bis heute nichts geändert hat: die Frage, in welchem Verhältnis Aufwand und Ertrag stehen.

Strom erobert die Welt

Zusätzlich hatte Fork mit einem weiteren Problem zu kämpfen: Die Eisenbahn war schneller und bequemer als die Pferdeomnibusse, die den Menschen nicht mehr komfortabel genug und viel zu langsam geworden waren. Außerdem machte eine Erfindung von sich reden: die Erzeugung von Strom, den man zum Antrieb von Maschinen nutzen konnte. Werner von Siemens stellte 1881 die erste elektrische Straßenbahn der Welt mit Stromzufuhr von außen in Groß-Lichterfelde bei Berlin vor. Die Stromzufuhr und -ableitung erfolgten über die Schienen. Die Menschen staunten: kein Pferd davor und fährt doch! Doch der Strom in den Schienen hatte den Nachteil, dass man bei Berührung einen Stromschlag bekam. Also nicht so empfehlenswert.

Die erste Straßenbahn mit oberirdischer Stromzuleitung über einen Fahrdraht präsentierte Siemens ein Jahr später – und es wurde weiter experimentiert. 1889 zeigte die Firma auf der Pariser Weltausstellung ihre neueste Erfindung: den Bügelstromabnehmer, der im Jahr darauf erstmals auf der Strecke in Berlin-Lichterfelde eingesetzt wurde. Dabei wurde vom Fahrdraht der Strom über diesen Abnehmer dem Triebwagen zugeführt. Schon sechs Jahre später war der Lyra-Bügel auf dem Markt, der 1900 wiederum zum Scherenstromabnehmer weiterentwickelt wurde.

Die erste elektrische Straßenbahn der Welt, entwickelt von Siemens & Halske in Berlin 1881. ***(Archiv Siemens Forum München)***

Der Tw 37 (Bj. 1913) ist bereits mit einem Scherenstromabnehmer ausgerüstet worden. An der Rückwand der Werkstatt in Recklinghausen lehnt ein ausgedienter Lyra-Bügel. ***(Aufnahme aus der Mitte der 20er Jahre)***

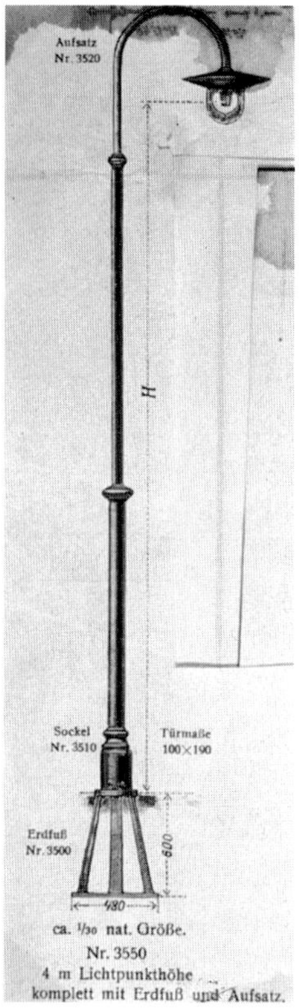

Eine der ersten elektrischen Straßenlaternen in Marl: Schmal, hoch und am oberen Ende mit einem eleganten Kopfschwung bereicherten sie das Straßenbild.

Die meisten Bahnen wurden zunächst von Privatunternehmern betrieben. Die Städte interessierten sich erst dann dafür, wenn sich der wirtschaftliche Erfolg eingestellt hatte. So fuhr am 1.9.1894 die erste städtische elektrische Straßenbahn Deutschlands in Barmen, das heute zu Wuppertal gehört. Es gab übrigens verschiedene Antriebsarten: Pferde (zum ersten Mal 1865 in Berlin), Dampf (erstmals 1877 von Kassel bis zur Wilhelmshöhe), Gas (seit 1894 in Dessau) oder auch den Benzinmotor (1888 in Stuttgart). 1893 begann die Elektrifizierung der vorhandenen Pferde- und Dampfstraßenbahnen und „die Elektrische“ wurde binnen kurzer Zeit zum Massentransportmittel. Alle wollten eine Straßenbahn: Das war etwas Modernes, das musste man haben! Eine „Straßenbahnwelle“ ging über Deutschland hinweg.

Die Elektrifizierungseuphorie erfasste auch das Ruhrgebiet. Die Gaslaternen in den Straßen begannen zu verschwinden, um ihren elektrischen Kolleginnen Platz zu machen. Elektrizitätswerke entstanden und innerhalb kurzer Zeit war der Strom aus dem täglichen Leben nicht mehr wegzudenken.

Aus diesem Zusammentreffen von steigenden Ansprüchen an Komfort und Schnelligkeit sowie der Möglichkeit, den Strom für breite Bevölkerungskreise nutzbar zu machen, entstand der Gedanke, eine elektrische Straßenbahn im Vest Recklinghausen zu bauen. Nicht erst eine Pferdebahn – sozusagen eine schienengebundene Kutsche – nein, gleich elektrisch sollte sie sein! Diese Bahn sollte die Menschen von den erwähnten „Inseln“ zu den größeren Orten bringen. Aber sie ermöglichte auch die Trennung von Wohnen und Arbeiten, so dass die Menschen nun nicht mehr in den Siedlungen der Zechen und großen Fabriken wohnen mussten, sondern sich auch abseits davon niederlassen konnten. Und die Menschen in den Städten konnten raus aus dem Innenstadtbereich, hin zu den neu entstehenden Vororten, die reine Wohnbezirke waren. Somit leistete die Straßenbahn einen entscheidenden Beitrag zur Stadtentwicklung.

Die Anfänge der Straßenbahn im Vest

Auch die Menschen im Vest Recklinghausen wollten sich den technischen Fortschritt zunutze machen. Sie gingen zunächst daran, die Idee einer Verbindung zwischen Herne und Recklinghausen in die Tat umzusetzen. Zu Beginn musste jemand gefunden werden, der bereit war, den Strom für die Straßenbahn zu liefern. Als nächstes mussten die politischen Gremien von der Idee überzeugt und zur finanziellen Beteiligung bewegt werden. In diesem Fall waren das die Vertreter der Bürger von Recklinghausen (die Stadtverordnetenversammlung und der Magistrat mit dem Bürgermeister an der Spitze) sowie die Vertreter der Einwohner von Herne und Baukau. Die Idee stieß auf offene Ohren, und am 4.2.1896 wurde ein Gesellschaftsvertrag unterschrieben, in dem es heißt: Die Gemeinden *„vereinigen und verpflichten sich, gemeinschaftlich nach Maßgabe der nachstehenden Bedingungen eine Straßenbahn zwischen Herne und Recklinghausen zu erbauen und in Betrieb zu halten“*. Die Kosten dafür wurden aufgeteilt: Recklinghausen trug 3/6, Herne 2/6 und Baukau 1/6. Ein sechsköpfiger Verwaltungsausschuss, gewählt vom Magistrat bzw. den Gemeindevertretungen, übernahm die Aufsicht und Leitung des Unternehmens und war zuständig für die Festsetzung der Tarife und den Abschluss sämtlicher erforderlich werdender Verträge.

Doch es gab nicht nur Bestrebungen, eine Verbindung zwischen Herne und Recklinghausen herzustellen, sondern zusätzlich zwischen Recklinghausen und Herten. Der Magistrat Recklinghausen wollte auch diese Bahn gern betreiben, Herten meldete jedoch ebenfalls Ansprüche an. Als der Landeshauptmann, nachdem die Hertener bereits 1895 einen entsprechenden Antrag bei ihm eingereicht hatten, beim Magistrat in Recklinghausen anfragte, ob es von dort Einwände gebe gegen die Betriebserlaubnis an das Amt Herten, stieß er auf Ablehnung: „*Die Stadt Recklinghausen beabsichtigt, wie bereits [...] mitgeteilt ist, auf eigene Rechnung eine Straßenbahn von Recklinghausen nach Herten unter Benutzung der Provinzialstraße zu erbauen und zu betreiben. Es soll dies im Wesentlichen eine Fortsetzung der seitens der Stadt Recklinghausen in Gemeinschaft mit den Gemeinden Herne und Baukau von diesen drei Gemeinden zu erbauenden Straßenbahn von Herne nach Recklinghausen sein. [...] Wir können uns daher mit einer eventuellen Erlaubniserteilung an das Amt Herten nicht einverstanden erklären.*" Eine Straßenbahn-Kommission wurde vom Magistrat Recklinghausen eingerichtet, die sich um die Angelegenheit kümmern sollte.

Die Mitglieder dieser Kommission einigten sich auf die Vergabe der Betriebserlaubnis an Recklinghausen. So konnte am 15.6.1896 der Magistrat den generellen Plan der Straßenbahn Recklinghausen-Herten-Crange-Wanne beim Oberpräsidenten einreichen mit der Bitte um vorläufige und grundsätzliche Genehmigung.

Ein provisorisch eingesetzter Verwaltungsausschuss stellte im April 1898 fest, dass auf der geplanten Strecke eine Länge von 13 km erreicht würde und schlug den Bau einer Straßenbahn mit oberirdischer Stromzufuhr und einer Spurweite von 1 m vor. Mit der Entscheidung für die Meterspur folgte man dem Trend der Zeit. Bis um 1880 wurde für die Straßenbahnen ausschließlich die Normalspur mit einer Spurbreite von 1,435 m gewählt, die in England für die Eisenbahnen entwickelt worden war. 1879 wurde die erste deutsche Schmalspurbahn mit einer Spurweite von 1 m in Rappoltsweiler (Elsaß) eröffnet.

Bei der Entscheidung über die Spurweite hatte auch die jeweilige Eisenbahndirektion ein Wörtchen mitzureden. Befürchtete sie die Konkurrenz der Straßenbahn im Güterverkehr, konnte sie die Genehmigung der Normalspur verweigern. So konnte z.B. in Dortmund die Normalspur verlegt werden, während die Bochum-Gelsenkirchener Straßenbahnen, die Straßenbahn Herne-Castrop-Rauxel und die Westfälische Straßenbahn auf Meterspur fahren mussten. Diese unterschiedlichen Spurweiten führten dazu, dass Durchgangsverkehre mit anderen Verkehrsbetrieben erschwert, wenn nicht unmöglich gemacht wurde. Zum Teil war dies beabsichtigt: Es ging um die Abgrenzung von Gebietsansprüchen.

Zurück in den April 1898. Der provisorische Verwaltungsausschuss legte die Anteilsverhältnisse an den Kosten fest: Herten 24%, Kreis Recklinghausen 18%, Stadt Recklinghausen 17%, Recklinghausen-Land 17%, Wanne 17% und Crange 7%. Der endgültig zu bildende Verwaltungsausschuss sollte aus einem Vorsitzenden (dem jeweiligen Landrat des Kreises) und je einem Mitglied der Kommunalverbände bestehen. Diese Überlegungen fanden ihren Niederschlag in dem Gesellschaftsvertrag zwischen den genannten Parteien vom 12.6.1899, der die Zustimmung der politischen Gremien fand.

Nun konnte der Verwaltungsausschuss tätig werden und endgültig die erforderlichen Verträge abschließen. So z.B. mit den Eigentümern der Straßen, auf denen Schienen verlegt werden sollten, oder mit der Elektrizitäts-Aktiengesellschaft in Nürnberg, die die gesamte elektrische Ausrüstung lieferte. Die

„Die mit großer Force betriebenen Probefahrten der elektrischen Straßenbahn haben bereits verschiedene Carambolagen gezeitigt, bei denen es aber zum Glück immer noch gut abging. Heute Abend hätte es aber beinahe ein größeres Unglück gegeben. Auf der Ewaldstraße in der Nähe der Wirtschaft Agaciak carambolierte ein Straßenbahnwagen mit dem zwischen hier und Wanne verkehrenden Omnibus. Durch den Zusammenstoß der beiden schweren Wagen klirrten verschiedene Fensterscheiben und wurden durch den Spektakel die Pferde des Omnibusses scheu und galoppierten mit dem Wagen davon. Die Passagiere (der Wagen war, wie gewöhnlich, voll besetzt) schrieen vor Entsetzen, und fielen auch einige Personen aus dem Wagen, bevor Letzterer zum Stehen gebracht wurde. [...] Der Omnibus fuhr mit den Verletzten nach Herten zurück, da die Passagiere den Weg nach Wanne lieber zu Fuß machen wollten. Wie es heißt, wird die Bahn übermorgen dem Verkehr übergeben, und fallen dann die Omnibusfahrten endgültig fort."
Recklinghäuser Zeitung vom 8.5.1901

Gleisanlage wurde eingleisig ausgeführt mit Ausweichen für den 20-Minuten-Verkehr, die Oberleitung für das Bügelsystem eingerichtet.

Nach Fertigstellung der Gleise und elektrischen Anlagen fanden Probefahrten statt, die großes Aufsehen erregten. Die Menschen blieben stehen und staunten, wie schnell so ein eleganter Wagen an ihnen vorübersauste – und wie pünktlich die fuhren! Ob das später auch so sein würde? Es gab dabei auch den einen oder anderen Unfall – meist jedoch mit glimpflichem Ausgang.

Es geht los!

Und dann war es soweit: Am 1.5.1901 genehmigte der Regierungspräsident den Betrieb der Bahn. Die Abnahme der Straßenbahn legte er auf Donnerstag, den 9. Mai 1901, vormittags 9 Uhr am Endpunkt in Wanne fest.

„Dem Kreise Recklinghausen, der Stadt Recklinghausen und den Landgemeinden Recklinghausen, Herten, Crange und Wanne, welche sich durch Vertrag zu einer Gesellschaft behufs Baues und Betriebes einer Straßenbahn zwischen Recklinghausen, Herten und Wanne vereinigt haben [...] wird zur Herstellung und zum Betriebe einer ausschließlich der Personenbeförderung im öffentlichen Verkehre dienenden, elektrisch zu betreibenden schmalspurigen Straßenbahn von Recklinghausen nach Herten, Crange und Wanne [...] vorbehaltlich aller Rechte Dritter, insonderheit auch vorbehaltlich der Rechtsverhältnisse der von der Straßenbahn gekreuzten vorhandenen Schienenwege, auf die Dauer von fünfzig Jahren, gerechnet vom 1. April 1901 ab unter nachstehenden Bedingungen die polizeiliche Genehmigung erteilt."

Genehmigungsurkunde des Regierungspräsidenten in Münster für Recklinghausen-Herten-Wanne vom 1.5.1901

Der von Betreibern und Publikum mit Spannung erwartete Tag nahte: Würde alles gutgehen? Würde die Bahn am nächsten Tag den Verkehr aufnehmen können? Bei der Abnahmefahrt in Anwesenheit zahlreicher Prominenz gab es zwar einige kleinere Beanstandungen (wie z.B. der falsche Abstand eines Zaunes zur Gleismitte oder der zu geringe Abstand von Bäumen und einer Laterne zu den Gleisen), doch umgehende Nachbesserung wurde zugesagt. Und so ging am 10.5.1901 der erste Kurs der Linie Recklinghausen-Herten-Wanne auf Jungfernfahrt. Viele waren dabei, die sich dieses Ereignis nicht entgehen lassen wollten.

Von der Jungfernfahrt der ersten Linie Recklinghausen-Herten-Wanne existiert leider kein Foto. Doch immerhin gibt es diese Aufnahme des Triebwagens Nr. 3, Baujahr 1901 – wenn auch nicht aus den ersten Tagen, denn ursprünglich waren die Plattformen offen. Beachtenswert ist der Lyra-Bügel, der später durch den Scherenstromabnehmer ersetzt wurde.

Stolz stand der Fahrer in seiner Uniform an der Kurbel, während der Schaffner eifrig durch den Wagen lief und Fahrscheine verkaufte. Laut rief er jede Haltestelle aus und fragte, ob jemand aussteigen wollte. Oben an der Längsseite im Wagen verlief ein Lederband, das eine Klingel vorn beim Fahrer in Bewegung versetzte und so den Kontakt zwischen Schaffner und Fahrer herstellte. Einmal ziehen hieß: alles fertig zur Abfahrt. Zweimal ziehen bedeutete: an der nächsten Haltestelle anhalten, weil jemand aussteigen möchte. Dreimal ziehen: sofort anhalten – Notfall !

In den ersten Tagen probierten viele Neugierige das neue Verkehrsmittel aus. Der Fahrpreis betrug pro Teilstrecke 5 Pfennig, Fahrscheine unter 10 Pfennig wurden nicht ausgegeben. Der Fahrplan lieferte genauere Erläuterungen: *„Der Fahrschein berechtigt zur einfachen Befahrung so vieler Teilstrecken als der Fahrpreis in Pfennigen durch die Zahl 5 teilbar ist. Die erste Teilstrecke kennzeichnet der Schaffner am Fahrschein durch Durchlochung desselben an der hierfür bestimmten Stelle."*

Immer wieder kam es zu Zwischenfällen: Ein Kind lief vor einen Straßenbahnwagen und konnte nur durch das beherzte Bremsen des Wagenführers vor größeren Blessuren bewahrt werden – aber der Wagen saß fest und musste in mehrstündiger Arbeit wieder

Der Beiwagen Nr. 52 gehörte zu den ersten acht Beiwagen, die 1901 in Dienst gestellt wurden. Im Ersten Weltkrieg wurde er für den Transport von Verwundeten umgebaut. Werkmeister Bauer (rechts) und Sanitätsmann Korus (links) haben sich vor dem Wagen postiert, während Mitarbeiter Plum im Wageninneren (unten) einen Verletzten mimt.

links:
Einer der ersten Schaffner war Joseph Gertz, der am 28.5.1901 seinen Dienst antrat.
(Sammlung Klaus Sziegat)

oben:
Wer es je gehört hat, wird es nicht vergessen: das typische Klingeln der Straßenbahn. Die Klingel befand sich vorn beim Fahrer rechts oben unter der Decke. Das Lederband lief durch den ganzen Wagen nach hinten, in Abständen durch Ringe laufend, die ein Durchhängen des Bandes verhinderten. Von jeder Stelle des Wagens aus konnte der Schaffner an dem Band ziehen und so die Klingel in Gang setzen.
(Sibylle Brakelmann)

flottgemacht werden. Wenige Tage später ließ ein Hund sein Leben unter einer Straßenbahn – der Länge nach durchschnitten. Wiederum wenige Tage darauf fiel ein Pferd auf die Schienen und blockierte den Verkehr. Auch Kollisionen mit Fuhrwerken waren anfangs keine Seltenheit. Die Menschen mussten sich eben erst an die neue Verkehrssituation gewöhnen – den Tieren fiel das schwerer.

Einen Monat nach der Eröffnung hatte die neue Straßenbahn gleich ein Mammutprogramm zu bewältigen. Das Recklinghäuser Volksblatt vom 10.6.1901 schrieb dazu: *„Ein lebhaftes Gewoge herrschte gestern am Steintor. Zahllose festlich geputzte Menschen umstanden dort während des ganzen Tages jeden eintreffenden Wagen der elektrischen Bahn, um bequem zur Hertener Kirmes zu gelangen. Der Verkehr war auf der Elektrischen ein so starker, dass trotz Anhängewagen nicht alle Platz zur Mitfahrt fanden und viele auf Schusters Rappen gen Herten ziehen mußten."*

Das charakteristische Klingeln war bald aus den Straßen nicht mehr wegzudenken. Die Menschen waren begeistert von dieser für sie schnellen und bequemen Möglichkeit, sich innerhalb der näheren und weiteren Umgebung zu bewegen. Eine wesentliche Aufgabe

Einer der ersten Fahrscheine der Linie Recklinghausen-Herten-Wanne, eingeführt bei Betriebsbeginn im Mai 1901 und gültig bis März 1907.

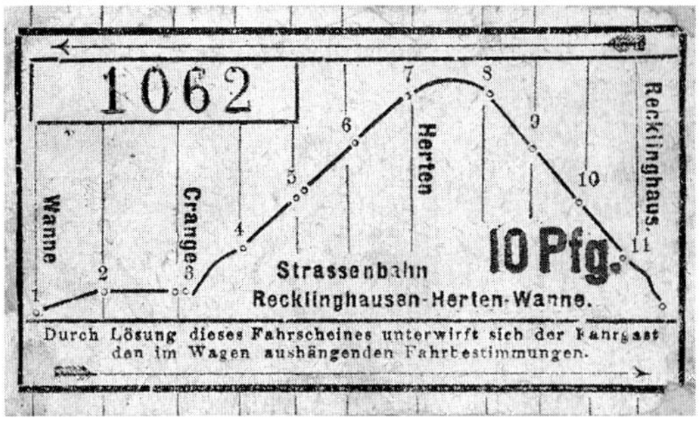

der Straßenbahn bestand in dem Transport der Arbeiter zu ihren Arbeitsstätten. So gab es ab November 1903 einen besonderen Frühzug (Abfahrt 4.15 Uhr) zur Zeche Ewald, wofür die Zechenverwaltung eine monatliche Pauschale in Höhe von 500 Mark entrichtete.

An den Start ging das Unternehmen, das 60 Mitarbeiter beschäftigte, mit zehn Motor- und sieben Anhängewagen. Die Fahrzeuge waren

Ein Bild aus den frühen Tagen des Betriebsbahnhofes der Linie Recklinghausen-Herten-Wanne in Herten. Die beiden Triebwagen Nr. 4 und 10, Baujahr 1901, stammen von der Waggonfabrik Busch in Bautzen. Im Inneren befinden sich 18 Sitzplätze auf zwei längs zur Fahrtrichtung angebrachten Bänken. Die offenen Plattformen wurden später verglast.

unten:
Wochenkarte für die Arbeiterbeförderung zur Zeche Ewald, eingeführt im Dezember 1908.

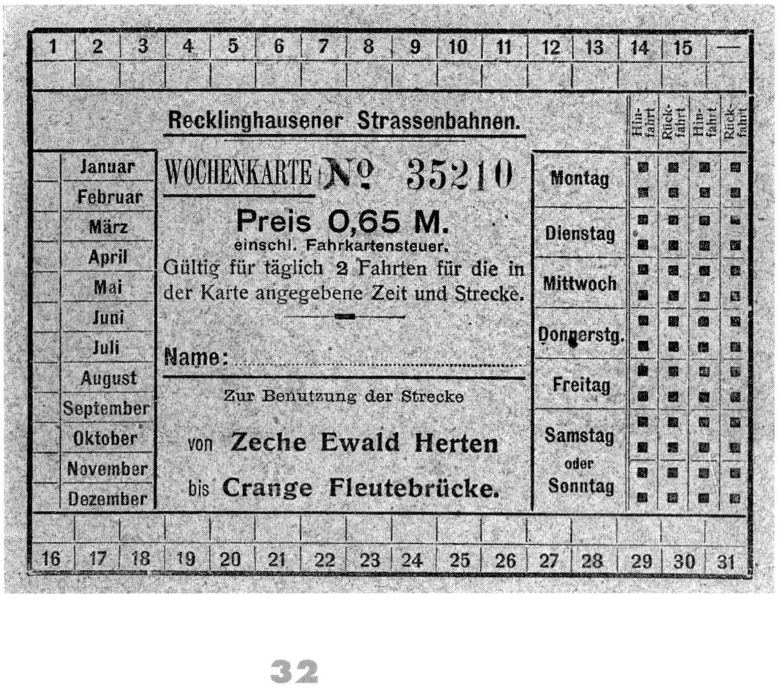

mit je 18 Längssitzen ausgestattet und wurden von zwei Motoren mit je ca. 15 kW angetrieben. Die Motorwagen waren ausgerüstet mit Kurzschlussbremse, Sandstreuer und Achtelholz-Spindelbremse. Auf dem Betriebshof an der Clemensstraße in Herten war ein Wagenschuppen errichtet worden mit sechs Gleisen, von denen fünf durch Weichen und eins durch eine Drehscheibe miteinander und mit den Straßengleisen verbunden waren. Unter zwei Gleisen befanden sich Wartungsgruben, in denen fünf Wagen gleichzeitig von unten begutachtet werden konnten. An die Wagenhalle schlossen sich verschiedene Räume an: die Schmiede, das Magazin, die Schreinerei, das Werkmeisterbüro sowie ein Waschraum mit Duschen und ein Aufenthaltsraum für die Arbeiter.

Diese Aufnahme zeigt einen sehr frühen Zustand des Betriebshofes Herten. Der Blick geht die Ewaldstraße hinauf, rechts das Lebensmittelgeschäft August Jordan. Links zweigt die Clemensstraße ab. Am linken Bildrand ist die Wagenhalle zu erkennen. Noch fehlt das Gebäude mit Schaffner- und Fahrerzimmer sowie Wohnräumen mit dem charakteristischen Türmchen des Pförtnerhauses, das 1909 errichtet wurde. *(Sammlung Heinrich Lauf)*

Im Oktober 1904 gründeten 75 Beschäftigte im Hertener Lokal „Germania“ einen Kameradschaftsverein. Ursprünglich war dieser Verein in erster Linie als Betriebsvertretung gegenüber dem Arbeitgeber gedacht, doch später rückte die Pflege des Gemeinschaftsgeistes in den Vordergrund. Die unterschiedlichen Dienstpläne erschwerten Kontakte untereinander. Mit Hilfe von Veranstaltungen sollte diesem Problem abgeholfen werden – was auch erreicht wurde. Auf die Fahne geschrieben haben sich die Gründer: „Edel sei der Mensch, hilfreich und gut“. Nicht nur gemeinsame Feste sollten den Zusammenhalt stärken, auch praktische Hilfe für die Kollegen war gefragt und wurde geleistet. 1909 etablierten sich eine Gesangsabteilung unter der Leitung von August Wernitz und eine Theaterabteilung unter der Leitung von Wilhelm Boente. Später kamen weitere Abteilungen hinzu: Skat, Schach und Kegeln. Nach außen trat besonders die Werkskapelle in Erscheinung, deren Einsatz sich nicht auf innerbetriebliche Veranstaltungen beschränkte.

Der Betrieb wächst

Planungen zur Erweiterung des Betriebes, also der Eröffnung weiterer Strecken, kollidierten gelegentlich mit Interessen der inzwischen ebenfalls in Betrieb gegangenen Linie Herne-Baukau-Recklinghausen. Ende 1903 beschloss der Verwaltungsausschuss, wegen einer Vereinigung beider Linien in Kontakt mit der Konkurrenz zu treten. Doch obwohl die Verhandlungen schon bis zu einem Entwurf für einen Gesellschaftsvertrag gediehen waren, wurde der Plan im folgenden Jahr als aussichtslos verworfen.

Am 1.5.1908 nahm die Linie Herten-Resse-Erle-Middelich (Herten-Buer) ihren Betrieb auf – mit eigens neu bestellten Triebwagen (Tw 11-24). Den Gesellschaftsvertrag hatten die beteiligten Kommunalverbände (Kreis Recklinghausen und die Landgemeinden Herten und Buer) bereits im Juli/August 1905 geschlossen. Ein Jahr später wurde vereinbart: *„Der Verwaltungs-Ausschuss Recklinghausen-Herten-Wanne stellt seinen Verwaltungs-Apparat zur Einholung der landespolizeilichen Genehmigung, sowie zum Bau und*

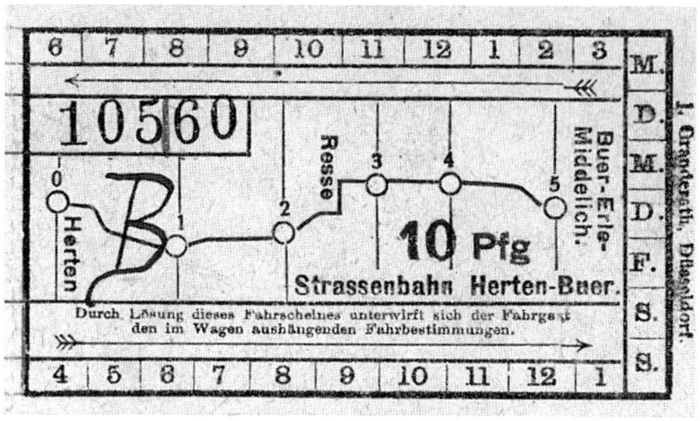

Auf der Linie Herten-Resse-Erle-Middelich (Herten-Buer) wurden diese Fahrscheine bei Betriebseröffnung 1908 eingeführt. Sie galten bis November 1915.

zur Inbetriebsetzung der Straßenbahn Herten-Resse-Erle-Middelich unentgeltlich zur Verfügung." Für Gleis- und Stromanlagen musste der Verwaltungsausschuss der Herten-Buerschen Linie sorgen. „*Alle übrigen Anlagen (Centrale, Wagenmaterial und Speiseleitungen von der Centrale bis zum Anfang der neuen Linie) stellt der Verwaltungs-Ausschuss der Straßenbahn Recklinghausen-Herten-Wanne.*" Dafür erhielt er pro Kilometer der neuen Bahnlinie eine Pauschalvergütung. Die Betriebsführung übernahm der Verwaltungsausschuss der älteren Linie; die Betriebseinnahmen der Strecke Herten-Resse-Erle-Middelich waren getrennt von denen der Strecke Recklinghausen-Herten-Wanne abzurechnen; Gewinne dieser Linie flossen dem eigenen Verwaltungsausschuss zu – entsprechend musste er Fehlbeträge erstatten.

Das Übereinkommen war zunächst für die Beteiligten jeweils wirtschaftlich günstig. Der Verwaltungsausschuss der Straßenbahn Herten-Resse-Erle-Middelich profitierte von dem bereits vorhandenen Verwaltungsapparat des Vertragspartners – das sparte Geld für Personal und Räumlichkeiten. Der Verwaltungsausschuss der Straßenbahn Recklinghausen-Herten-Wanne auf der anderen Seite erhielt eine Entschädigung für seine Tätigkeit – das brachte zusätzliche Einnahmen.

Bereits am 2.3.1907 hatte der Regierungspräsident die Genehmigung für die neue Linie erteilt. Darin wurden verschiedene Dinge geregelt wie die Rücksichtnahme auf bereits verlegte Telegraphen- und Fernsprechleitungen, die Benutzung öffentlicher Wege, die Festlegung der Fahrpreise und manches mehr. So zum Beispiel wurde auch das Tempo vorgegeben, das die Straßenbahnen einhalten sollten: „*Die Geschwindigkeit der Fahrten darf 25 km in der Stunde nicht überschreiten, in den verkehrsreichen Straßen von Ortschaften darf nur mit 12 km/h Höchstgeschwindigkeit gefahren werden. Im Gefälle von 1:15 und mehr darf die Geschwindigkeit nicht über 8 km/h und in Gefällen von 1:20 bis 1:15 nicht über 12 km in der Stunde betragen. An der Kirche in der Kaiserstraße in Herten darf nur in Schrittgeschwindigkeit gefahren werden.*"

Das klingt nicht besonders schnell. Aber damals lief der Verkehr auf den Straßen insgesamt langsamer. Es gab viele Fußgänger, ansonsten Pferdefuhrwerke und nur wenige Autos, die noch nicht schnell fahren konnten. Da passten diese Geschwindigkeiten durchaus ins Bild. Verglichen mit den Beförderungsalternativen schnitt die Bahn recht gut ab.

Kinder sind zu allen Zeiten erfindungsreich. Im November 1907 schrieb der Direktor des Gymnasiums in Recklinghausen an den Magistrat: „[...] ganz besonders habe ich mich gegen den von den Schülern vielfach geübten Unfug gewandt, mit einem früh abgehenden Wagen den Heimatort zu verlassen, unterwegs auszusteigen und an einer Haltestelle sich herumzutreiben, sodann mit einem nach Schulbeginn eintreffenden Wagen weiterzufahren und in der Klasse die unwahre Entschuldigung vorzubringen: 'Die Elektrische hatte Verspätung.' Solche Schüler, die von diesem Unfug nicht ablassen, habe ich mit Entziehung der Erlaubnis, die elektrische Bahn zu benutzen, bedroht und die Benutzung des sogenannten Schülerwagens ihnen zur Pflicht gemacht. [...] habe ich vor den Schülern ausdrücklich hervorgehoben, dass die Bahn pünktlich ist und dass die häufigen Verspätungen der Schüler durch deren eigenes Verhalten erfolgen."

Die wirtschaftlichen Erfolge boten genügend Motivation für weitere Projekte, die einen zweiten Betriebshof in Bottrop erforderlich machten. Er wurde an der Gladbecker Straße errichtet und am 9.5.1909 eröffnet – auf Jahre hinaus ohne Verbindung zum Hertener Netz.

Trennpunkt war der Bahnhof Gladbeck Ost, an dem die Bahn die Genehmigung für die Überquerung ihrer Gleise versagte. 1943

Der Betriebshof Bottrop an der Gladbecker Straße von 1909 auf einer Postkarte, geschrieben 1913. Ganz rechts ist so eben noch die Wagenhalle erkennbar. In der Mitte steht das Maschinenhaus, daran rechts angrenzend das Wohnhaus des Betriebshofleiters. Links direkt an der Straße erhebt sich das Fahrmeisterhaus, in dem sich auch Wohnungen befanden. *(Sammlung Reinhard Kamps)*

unten:
Der Triebwagen 47 und der Beiwagen 248 (beide Baujahr 1914) sind auf dieser Aufnahme von 1973 zu sehen – wenige Tage vor ihrer Verschrottung.

gestattete sie immerhin eine Gleisverbindung – allerdings ohne Fahrleitung. Das bedeutete, dass der Fahrschwung der Straßenbahn bis zur anderen Seite ausreichen musste. Es sollte noch bis 1953 dauern, ehe eine linienmäßige Überquerung der Bahngleise möglich war.

Zurück zum Jahr 1909, in dem eine Linieneröffnung der nächsten folgte. Die Linien Recklinghausen-Suderwich, Bottrop-Gladbeck, Bottrop-Osterfeld, Gladbeck-Horst und Recklinghausen-Erkenschwick gingen mit feierlichen Worten an den Start. Die Organisation war wie bei der Straßenbahn Herten-Buer: Nach Gründung einer Gesellschaft zum Bau und Betrieb einer Straßenbahn wurden diese Aufgaben an die „Recklinghausener Straßenbahnen“ – so nannte sich das Unternehmen seit 1908 – übertragen. Das Herten-Recklinghausener Netz verfügte damit über 31,4 km Streckenlänge, das Bottroper Netz über 18,34 km. Diese Expansion erforderte die Anschaffung weiterer Fahrzeuge, die über 24 quer zur Fahrtrichtung angeordnete Sitzplätze und zwei Antriebsmotoren von je 30 PS verfügten (Tw 101-113).

1910 geriet die Straßenbahn Recklinghausen-Herten-Wanne in überörtliche Schlagzeilen, denn Direktor Arnold wurde verurteilt wegen Verstoßes gegen das Reichspostgesetz. Was hatte er „verbrochen“? Er hatte dem Wanner Buchhändler Triebel gestattet, jeweils gegen Lösung der Paketkarte Zeitungen durch die Straßenbahn befördern zu lassen. Allerdings hatte er – nach Auffassung des Gerichts – versäumt, das Gewicht der Zeitungspakete zu kontrollieren. Sie stellten sich

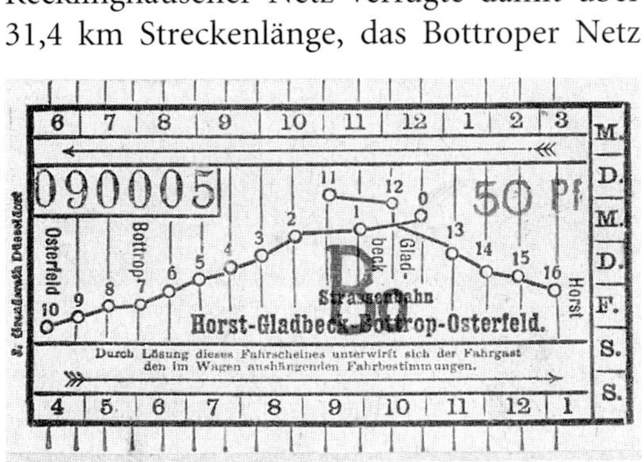

links:
Der Fahrschein der Linie Horst-Gladbeck-Bottrop-Osterfeld wurde bei der Eröffnung der Linie im April 1909 eingeführt und behielt seine Gültigkeit bis November 1915.

Respektable Persönlichkeiten: die Kontrolleure, die sich ca. 1910-1920 dem Fotografen stellten. In der Mitte stehend Hermann Hiltrop – sonst ist niemand mehr bekannt. *(Sammlung Eduard Borek)*

Marken №

[redacted]ecklinghausener [redacted]trassenbahnen.

Kart[redacted] № 22661

Gültig fü[redacted]0 Fahrten zwischen Sins[redacted]Hüls in den Arbeiterzüge[redacted]für die Arbeiter der Ze[redacted]

Auguste [redacted]ctoria in Hül[redacted]

Für:

Marken Nr.

Ausgestellt am:

1 2 3 4 5 6 7 8 9 10 11 12 13 14 15

16 17 18 19 20 21 22 23 24 25 26 27 [redacted]28 [redacted]

Für die Arbeiter der Zeche Auguste Victoria gab es von Mai 1914 bis Juni 1922 Wochenkarten für 30 Fahrten.

> 1913 ein Problem: „Um Fahrgäste und Personal vor Beschädigungen durch hervorstehende Hutnadeln zu schützen, wurde auf Grund der bestehenden Polizeiverordnungen angeordnet, dass jede Dame, die die Hutnadeln nicht genügend geschützt hat, entweder einen Schützer zum Preise von 5 Pfennigen vom Schaffner zu kaufen hat oder von der Mitfahrt ausgeschlossen wird."
>
> *Geschäftsbericht der Linie Herne-Recklinghausen*

als zu schwer heraus, so dass dadurch Postgebühren hinterzogen worden seien. Urteil: Geldstrafe in vierfacher Höhe der entgangenen Postgebühren. – Außer Zeitungen transportierten die Straßenbahnen auf verschiedenen Linien Briefbeutel.

Die zunächst praktikabel und günstig erscheinende Organisationsform der Straßenbahngesellschaften stellte sich im Laufe der Zeit als sehr umständlich heraus. Der Verwaltungsausschuss Recklinghausen-Herten-Wanne musste für jede Linie getrennt Jahresrechnungen aufstellen und entsprechend

„Dass ein Zehn-Minutenverkehr der ‘Elektrischen’ zwischen Herten und Recklinghausen schon überhaupt eine Notwendigkeit gewesen, will uns nicht einleuchten, so angenehm es ja immerhin für den einen oder anderen sein mag, zur gewünschten Minute die ‘Elektrische’ besteigen zu können. Wie oft sausten nicht die Wagen ohne jeden Insassen an uns vorüber. Herten bringt uns Recklinghäusern eben nicht viel, und Recklinghausen hat auch mit Herten wenig zu schaffen. Selbst der ohne allen Zweifel prächtige Hertener Gemeindewald hat für einen Recklinghäuser – man weiß nicht wie – immer etwas Fremdes. Unseres Erachtens hätte man von vornherein die auf die Dauer sicher viel rentablere Strecke Recklinghausen – Hochlarmark – Crange – Wanne in Ausführung bringen sollen, die, abgesehen von der Kürze der Strecke, noch den Recklinghäuser Bürgern viel sympathischer ist. Die ganze Strecke der Straßenbahn Wanne-Herten-Recklinghausen hat, wie jeder selbst oberflächliche Beobachter eingestehen muß, zu viel ‘tote Punkte’, während das Leben auf der Strecke Recklinghausen-Hochlarmark-Crange-Wanne sich immer lebhafter gestaltet, sodaß man hier in sicher nicht mehr ferner Zeit einfachhin zum Bau einer Straßenbahn gezwungen ist.“

Ein unbekannter Zeitgenosse in der Recklinghäuser Zeitung vom 10.6.1910

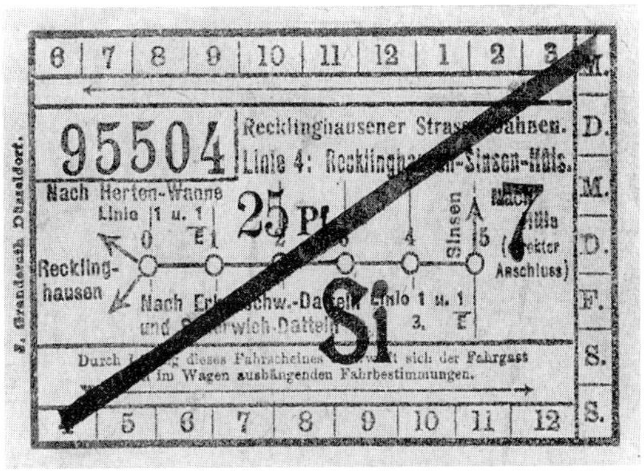

Eingeführt bei Betriebsbeginn im Mai 1914 behielt dieser Fahrschein der Linie Recklinghausen-Sinsen-Hüls bis November 1915 seine Gültigkeit.

abrechnen. Ein enormer Aufwand, der sich bald nicht mehr lohnte. Etliche Verantwortliche der verschiedenen Straßenbahngesellschaften setzten sich daraufhin zusammen und überlegten gemeinsam, wie dieses Problem zu lösen sei.

Doch zunächst wurden – ungeachtet durchaus unterschiedlicher Vorstellungen über Linienführungen seitens der Bevölkerung (s. Kasten) – weitere Straßenbahngesellschaften gegründet, und das Liniennetz verdichtete sich immer weiter. Die Zechen und ihre Kolonien wurden an die Ortskerne angeschlossen. So waren die Jahre 1913 und 1914 angefüllt mit reger Bautätigkeit und Einweihungsfeierlichkeiten: Bottrop-Boy, Erkenschwick-Datteln, Bottrop-Prosper II, Recklinghausen-Sinsen-Hüls und Recklinghausen (Süd)-Röllinghausen. Die Eröffnung einer Linie war nach wie vor eine große Sache, ebenso die erste Fahrt mit einer Straßenbahn.

Der damals neunjährige Bernhard Berkenkamp berichtete später über die Einweihung der neuen Linie Erkenschwick-Datteln: Sie „war für das Dorf Datteln ein ganz besonderes Ereignis. [...] Als dann am 31. Mai 1913 der erste Straßenbahnwagen, von Erkenschwick kommend, in Datteln eintraf, wurde das neue Schienenfahrzeug mit Blasmusik an der Endstation ‘Wirtschaft Schnettger am Markt’ empfangen. Ganz Datteln war auf den Beinen. Fürwahr ein kleines Volksfest!

Nun galt es für mich, die neue Straßenbahn nicht nur zu bestaunen, sondern auch meine erste Fahrt mit ihr zu erleben. Zur damaligen Zeit nannte ich nur ganze 40 Pfennig mein eigenes Privatvermögen. [...] Am dritten Tag nach der Eröffnung der neuen Straßenbahnlinie, also am 3. Juni 1913, sollte nun mein Vorhaben in die Tat umgesetzt werden. Stolz, mit erhobener Haltung, bestieg ich selbstbewußt die hintere Plattform der Straßenbahn, denn hier kassierte der Schaffner das Fahrgeld. ‘Na, mein Junge, wie weit soll die Reise gehen?’, wollte er von mir wissen. ‘Bis Pevelings Hof’, war meine Antwort. ‘Das sind zwei Stationen und macht 10 Pfennige’, entgegnete der Schaffner. Ich bezahlte meine 10 Pfennige, bekam dafür einen Fahrschein und bewegte mich mit stolzer Brust in das Innere des Wagens. [...] Der Schaffner zog an einer Lederschnur, die unter der Wagendecke baumelte, es klingelte, und das neue Schienenfahrzeug setzte sich erst langsam und dann immer schneller in Bewegung. Es war für mich ein stolzes und zugleich abenteuerliches Gefühl, mit dem neuen Verkehrsmittel die Walderseestraße entlang zu fahren. [...] und nach ungefähr 8 Minuten Fahrzeit hatte ich mein Ziel ‘Pevelings Hof’ erreicht, stieg aus und trat dann zu Fuß den Heimweg an.“

Der Erste Weltkrieg

Auf der Ebene der internationalen Politik lagen Spannungen in der Luft. Die Atmosphäre war geprägt von imperialistischer Machtpolitik und der Durchsetzung nationalistischer Ideen. Ein einziger Funke genügte, um einen Flächenbrand zu entfesseln. Und da passierte es: Am 28.6.1914 wurde auf das österreichische Thronfolgerpaar bei einem Aufenthalt in Serbien ein Attentat verübt. Die Wogen schlugen hoch: Zunächst erklärte Österreich-Ungarn Serbien den Krieg. Daraufhin machte Russland mobil, und am 1.8.1914 erklärte das Deutsche Reich ebenfalls Serbien den Krieg. Auch England und Frankreich schalteten sich ein. Mit für heute unvorstellbarem Enthusiasmus ging Deutschland in den Krieg. Die Begeisterung war so groß, dass man von einem Volkskrieg sprechen kann, der vom gesamten Volk getragen wurde.
Die Kampfhandlungen griffen vom Balkan aus bald auf den ganzen Kontinent über, dehnten sich auf alle deutschen Kolonien und auf die Meere aus und berührten schließlich – nach Kriegseintritt von Staaten des amerikanischen Kontinents – fast alle Völker der Welt. Zunächst waren die militärischen Kräfte nahezu ausgewogen. Aus der Zwangslage des bevorstehenden Zweifrontenkrieges heraus glaubte die deutsche Bevölkerung an berechtigte Verteidigung. Die Technisierung des Krieges zwang zu immer stärkerer Anspannung aller wirtschaftlichen Kräfte und zog die Heimat fortschreitend in das Kriegsgeschehen hinein.

Die Straßenbahngesellschaften blieben von den Kriegsereignissen nicht unberührt. Im gemeinsamen Jahresbericht der Linien Recklinghausen-Herten-Wanne, Herten-Buer, Recklinghausen-Suderwich, Recklinghausen-Datteln und Horst-Gladbeck-Bottrop-Osterfeld für 1914 heißt es: *„Mit dem Tage der Mobilmachung wurden die Fahrleistungen sofort erheblich eingeschränkt und zwar vor allem deshalb, weil ein großer Teil der Angestellten in den ersten Tagen des August zu den Fahnen eilen mußte."*

In den ersten Kriegstagen führten die Straßenbahnen Sonderfahrten durch, um die Dienstpflichtigen zu den Truppensammelplätzen zu bringen. Gleich in den ersten Kriegsmonaten erfolgten Verwundetentransporte von den Bahnhöfen zu den einzelnen Lazaretten, zum Teil unter Verwendung besonders hergerichteter Wagen für Schwerverwundete. Später transportierten sie auch Güter für die Heeres- und Kriegsversorgung sowie Nahrungsmittel und Kohle, wodurch Staatsbahngüterwagen und Pferde eingespart werden konnten. Für den Lebensmitteltransport wurden extra offene Güterwagen beschafft.

„Im Einvernehmen mit der Königlichen Eisenbahndirektion in Essen genehmige ich, dass auf den vorerwähnten Straßenbahnen, die im Auftrage der Konzessionsinhaber durch die 'Vestischen Kleinbahnen G.m.b.H. in Herten i.W.' betrieben werden, Güter für die Heeres- und Kriegsversorgung sowie Nahrungsmittel und Kohle befördert werden. Diese Genehmigung gilt auf den Zeitraum von drei Jahren seit dem Tage der Genehmigung. Sie ist jederzeit widerruflich und wird zurückgezogen, wenn durch die Güterbeförderung die Straßenbahn in der Erfüllung der ihr in erster Linie obliegenden Personenbeförderungspflicht behindert wird."

Der Regierungspräsident in Münster, 26.9.1917

Während des Krieges kamen die Vereinigungsüberlegungen der Straßenbahngesellschaften zum Abschluss: Am 21.5.1915 wurde ein Gesellschaftsvertrag geschlossen, an dem insgesamt 24 Kommunalverbände beteiligt waren. Das Stammkapital wurde auf 1.707.000,- Mark festgelegt. Gesellschafter waren der Stadt- und Landkreis Recklinghausen, der Stadtkreis Buer, die Gemeinden des Landkreises Recklinghausen und die Gemeinde Wanne. Als Name wurde „Vestische Kleinbahnen GmbH“ gewählt, womit der räumliche Bezug und der Gegenstand der Gesellschaft klar umrissen waren. Sitz der Gesellschaft sollte Herten sein. Erster Geschäftsführer dieser neuen GmbH war Heinrich Arnold, der bis dahin Direktor der Straßenbahngesellschaft Recklinghausen-Herten-Wanne gewesen war.

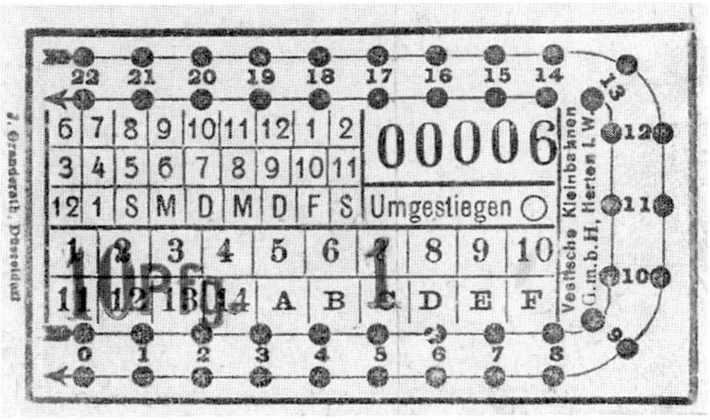

Dieser Einheitsfahrschein wurde im November 1915 eingeführt und löste die unterschiedlichen Fahrscheine der einzelnen Linien ab. Damit wurde der Zusammenschluss der Linienbetreiber zu einer Gesellschaft nach außen dokumentiert.

„§ 2 Gegenstand des Unternehmens sind der Bau, Betrieb und der Erwerb von Straßenbahnen und Kleinbahnen im Landkreise Recklinghausen, in den Städten Recklinghausen und Buer, sowie in den benachbarten Bezirken, ferner alle die vorgedachten Zwecke fördernden Geschäfte und Beteiligungen.
§ 14 Die [...] genannten Gesellschafter sind verpflichtet, die ihnen gehörige Straßenbahn Recklinghausen-Herten-Wanne einschl. sämtlicher diesem Unternehmen dienenden beweglichen Sachen, Grundstücke und Rechte zu einem Werte von 1.800.000.- Mark in die Gesellschaft einzubringen, [...]
§ 16 Die Gesellschaft ist befugt, im Gebiete der Gesellschaftsgemeinden neue Linien zu bauen. [...] Die Gesellschafter dürfen ihrerseits neue Linien erst dann selbst bauen oder durch Dritte bauen lassen, wenn die Gesellschaft den Bau ablehnt. Die Gesellschaft ist auf Antrag von Gesellschaftern verpflichtet, den Bau neuer Linien auszuführen und den Betrieb neuer oder vorhandener Linien zu übernehmen, wenn der oder die Antragsteller [...] einen Bruttogewinn aus dem Betrieb dieser Linien von 6,5% des Anlagekapitals gewährleisten [...]“

Auszüge aus dem Gesellschaftsvertrag vom 21.5.1915

Ansicht des Betriebshofes Herten vor 1928. Am Eingang zum Betriebsgelände steht das Pförtnerhaus (erbaut 1909), in dem sich Fahrer- und Schaffnerzimmer sowie Wohnräume befinden. Die Zufahrt zum Hof ist eingleisig angelegt. In der Mitte hinten steht die Wagenhalle; das Gebäude mit dem Schornstein am linken Bildrand ist das Maschinenhaus. ***(Sammlung Heinrich Lauf)***

Die Schmiede des Hertener Betriebshofes in den 20er Jahren. Dritter von rechts: Fritz Fabis. *(Sammlung Fritz Neumann)*

Ungeachtet der Kriegsereignisse wurden weitere Straßenbahnlinien in Betrieb genommen: 1916 Recklinghausen-Scherlebeck-Langenbochum, Recklinghausen-Marl, Buer-Hassel und Resse-Buer, 1918 Marl-Brassert. „Kohle sparen!“ hieß die Devise im weiteren Verlauf des Krieges. Jeder musste seinen Beitrag dazu leisten – auch die Vestische. Sie ließ ab 1.2.1917 auf manchen Strecken Haltestellen nicht mehr anfahren, um den erhöhten Stromverbrauch für den Anfahrvorgang zu sparen – und damit die Kohle, die zur Erzeugung des Stroms erforderlich war.

Aufrechterhalten wurde der Betrieb in den Kriegsjahren von den Frauen, die in Erman-

Eine kleine Erinnerung an das Fahrpersonal des Betriebshofes Recklinghausen um 1917.

gelung männlichen Personals eingesetzt wurden. Die daheim Gebliebenen trauerten um ihre *„den Heldentod für das Vaterland"* gestorbenen Kollegen (insgesamt 45) und waren stolz auf jene Mitarbeiter, die Kriegsauszeichnungen erhielten. Ein Gedenkstein auf dem Betriebshof der Vestischen Kleinbahnen erinnert an sie.

Die Dutzendkarten wurden im April 1917 zunächst eingeführt, um der Kleingeldnot zu begegnen. Erst ab Ende 1917 bot ihr Preis einen Nachlass von 30 Pfg. bei 12 Fahrten.

Betrieb in unruhigen Zeiten

Im Sommer 1918 war die Niederlage der deutschen Truppen abzusehen. Die nationale Begeisterung von 1914 war einer vollständigen Ernüchterung und Erschöpfung gewichen. Am 11.11.1918, einen Tag nach der Abdankung des Kaisers, wurde im Wald von Compiègne ein Waffenstillstand zwischen Deutschland und den Siegermächten geschlossen. Der Friedensvertrag wurde in Versailles ausgehandelt und am 28.6.1919 dort unterschrieben. Bilanz des Krieges: 8 Millionen Tote, 20 Millionen Verwundete, davon in Deutschland: 1,8 Millionen Tote und 4,2 Millionen Verwundete. Während die Sieger die Friedensbedingungen (u.a. Höhe und Art der Wiedergutmachungsleistungen, der Reparationen) festlegten, wurde im Deutschen Reich der Wandel vom Kaiserreich zur Republik vollzogen. Nach den Wahlen trat die Nationalversammlung am 6.2.1919 zusammen und wählte Friedrich Ebert zum Reichspräsidenten, der im August die Weimarer Verfassung unterzeichnete. Aus dem verlorenen Krieg erwuchs eine parlamentarische Demokratie, die jedoch auf wackligen Füßen stand. Die folgenden Jahre waren gekennzeichnet durch rechts- und linksradikale Unruhen und Attentate.

Im Frühjahr 1921 kam es zur Uneinigkeit über die Höhe der zu zahlenden Reparationen, woraufhin alliierte Truppen einige Ruhrgebietsstädte besetzten, um ihren Forderungen Nachdruck zu verleihen. Doch die unsichere finanzielle Lage der jungen Republik machte die Erfüllung der Reparationsverpflichtungen nahezu unmöglich. Die Bitte um Zahlungsaufschub beantworteten die Alliierten am 11.1.1923 mit dem Einmarsch französisch-belgischer Truppen ins Ruhrgebiet, das nach und nach besetzt wurde. Die deutsche Regierung reagierte mit passivem Widerstand, der im September jedoch wieder aufgegeben werden musste – der Ruhrkampf war zu Ende. Im November 1923 wurde die Mark durch die Rentenmark ersetzt. Am 20. Juli 1925 räumten die Besatzungstruppen den westfälischen Teil des Ruhrgebietes. Direkt im Anschluss an die Räumung fanden überall im Ruhrgebiet Befreiungsfeiern und Dankgottesdienste in den Kirchen statt. Doch die Besatzer hinterließen eine angeschlagene Industrie, kaum noch konkurrenzfähig und ohne Absatzmärkte im Ausland. Die verarmte Bevölkerung litt weiterhin unter Hunger und Arbeitslosigkeit.

Während der Besatzungszeit gab es ständig Ärger mit den Besatzungssoldaten, weil diese häufig meinten, die Straßenbahn unentgeltlich benutzen zu können. Dabei kam es durchaus zu schwerwiegenden Ereignissen, wie z.B. in Marl, wo am 23.3.1924 betrunkene Besatzungssoldaten einen Fahrer aus dem Wagen zerrten, um sich selbst als Straßenbahnfahrer zu betätigen. Doch sie hatten ihr Können wohl überschätzt – die Bahn entgleiste und kippte auf die Seite, 17 Fahrgäste wurden verletzt.

Die entgleiste Straßenbahn, die in Marl am 23.3.1924 von Besatzungssoldaten gekapert worden war.
(Foto: Stadtarchiv Marl)

Einen Blick in die Hauptwerkstatt in Herten gewährt dieses Foto vom 13.9.1924.

Im Februar 1923 kam es in Recklinghausen, Buer, Bottrop und Gladbeck zu Proteststreiks wegen der Verhaftung leitender Personen der Stadtverwaltungen. Ab dem späten Vormittag fuhr für mehrere Stunden keine Straßenbahn mehr. Im weiteren Verlauf des Jahres verhängten die Franzosen zeitweise über mehrere Tage den verschärften Belagerungszustand. Für die Vestische bedeutete dies täglich die Einstellung ihres Betriebes vom Abend bis zum nächsten Morgen. Gründe für die verschärften Bestimmungen waren die Ermordung von Besatzungssoldaten, die Gefährdung der Sicherheit der Besatzungstruppen und die Sabotage durch die heimische Bevölkerung.

„Notgeld" der Vestischen Kleinbahnen von September 1923: „Die Einlösung muß spätestens bis zum 31. Dez. 1923 bei der Kasse der Vestische Kleinbahnen G.m.b.H. in Herten i.W. erfolgen." Doch bis dahin war der ohnehin ziemlich wertlose Gutschein gar nichts mehr wert: Im November 1923 wurde die Rentenmark eingeführt.

Ein immer wiederkehrendes Problem stellten die Tariferhöhungen dar, die aufgrund der Steigerung der Materialpreise und der Lohnerhöhungen unvermeidlich waren. Auch stand die Direktion angesichts der Kohlenknappheit (die Kohlen mussten im Rahmen der Reparationsvereinbarungen ins Ausland geschafft werden) weiterhin dem Problem der Stromersparnis gegenüber. Wieder musste die Anzahl der Haltestellen reduziert werden. Angesichts der Wirtschaftskrise und der Inflation gaben 1923 die Vestischen Kleinbahnen – wie viele andere Betriebe auch – Notgeld in Form eines Gutscheins heraus, der bis zu einem bestimmten Zeitpunkt beim Betrieb eingelöst werden musste. Meist war bis zum Ablauf dieser Frist der Wert des Geldes schon wieder rapide gesunken.

Doch trotz der angespannten Wirtschaftslage wurden weitere Straßenbahnstrecken eröffnet: 1920 Buer-Scholven, 1921 Marl-Dorsten, 1923 Langenbochum-Herten und Scholven-Gladbeck, 1925 Buer-Westerholt. Parallel dazu wurden 1921 der Betriebshof in Buer und die Straßenbahnhauptwerkstatt auf dem Betriebsgelände in Herten errichtet. Ein eigenes Dampfkraftwerk sorgte für die Beheizung des Gebäudes. Die Stromversorgung erfolgte über ein Kraftwerk in Herten sowie Umformerwerke in Bottrop, Recklinghausen, Herten, Buer und Datteln. Stromlieferanten waren das Elektrizitätswerk Westfalen (für Herten, Recklinghausen und Buer), das Rheinisch-Westfälische Elektrizitätswerk (für Bottrop) und die Zeche Emscher-Lippe (für Datteln).

Fahrpreis für die Linie Recklinghausen-Herten-Wanne:

	1 Teilstrecke	3 Teilstrecken	8-10 Teilstrecken	Monatskarte (6 Teilstrecken)
3.1.1923	100,– Mk	120,– Mk	240,– Mk	
1.2.1923	200,– Mk	250,– Mk	450,– Mk	15.000,– Mk
15.2.1923	500,– Mk	700,– Mk	1.500,– Mk	48.000,– Mk
20.5.1923	600,– Mk	800,– Mk	1.600,– Mk	52.000,– Mk
23.6.1923	1.200,– Mk	1.700,– Mk	3.700,– Mk	118.000,– Mk

Die Eröffnung der Linie Marl-Dorsten fiel in eine auch für die Vestische nicht einfache Zeit. Zu diesem Ereignis erschienen geladene Gäste, Vertreter der Vestischen und neugierige Passanten. In der ersten Reihe stehen stolz Generaldirektor Arnold (1. Reihe 3. v. li.) und Edwin Abe, später technischer Leiter (1. Reihe 1. v. li.). Die Passanten wollte der Fotograf nicht mit auf dem Bild haben – nur links außen hat er einen Jungen in Holzschuhen übersehen.

Blick in die Wagenhalle des Betriebsbahnhofes Buer, 1920. Links Werkmeister Schwedeski.

Seit Oktober 1920 ließen die Vestischen Kleinbahnen als einer der ersten reinen Straßenbahnbetriebe Omnibusse fahren. Zwei Linien wurden in Betrieb genommen: die Strecke Schalke-Buer-Gladbeck, wo der Bus Vorreiter für eine Straßenbahnstrecke wurde, und die Strecke Herten-Marl über Langenbochum, Westerholt, Buer, Hassel und Polsum. Diese Linie musste wegen fehlender Rentabilität ihren Betrieb aber schon einen Monat später wieder einstellen.

Die ersten Busse glichen eher einer motorisierten Kutsche als einem Bus nach unseren heutigen Vorstellungen, verfügten aber immerhin über zehn Sitz- und sechs Stehplätze. Der 35 PS-Motor ließ sie mit einer Höchstgeschwindigkeit von 28 km/h rasant die Strecke befahren – ein Angebot, das in den letzten drei Monaten des Jahres 1920 rund 51.000 Fahrgäste nutzten.

Es war nicht immer einfach, den Busbetrieb durchzusetzen. So teilte z.B. der Recklinghäuser Amtmann im Dezember 1920 dem Oberbürgermeister mit, dass die Gemeindevertretung Recklinghausen-Land beschlossen habe, von der Errichtung einer Autobuslinie von Recklinghausen-Süd bis Recklinghausen-Marktplatz „mit Rücksicht auf die hohen Preise, das einzugehende Risiko und die große Abnutzung der Straßen“ abzusehen.

Um die vollgummibereiften Busse vor der Beschlagnahme durch die Franzosen zu retten, wurden die Fahrzeuge zwischenzeitlich ins unbesetzte Münsterland überführt und

Betriebshof Herten, Hauptwerkstatt 1926. In der Ecke vorn links ist die elektrisch angetriebene Schiebebühne zu erkennen, mit deren Hilfe die Straßenbahnwagen von einem Gleis aufs andere verschoben werden konnten. Damit entfiel langwieriges Rangieren auf dem Hof. Im linken Teil des Gebäudes befand sich die Schmiede, in der Mitte das Lager. Im rechten Gebäudeteil sind die 15 Einfahrtstore sichtbar.

links:
Stolz sind Fahrer und Schaffner auf den Bus Nr. 9 der Fa. Büssing, der ab April 1925 auf der Strecke Datteln-Olfen-Selm zum Einsatz kam.

rechts:
1925 mietete die Vestische in Datteln Garagen im alten Feuerwehrhaus an, um dort ihre Busse unterstellen zu können, u.a. Bus Nr. 2, der die Strecke Datteln-Olfen-Selm befuhr. 1927 entstand dieses Foto, das die Ansicht des Feuerwehrhauses von der Carl-Gastreich-Straße her zeigt.

dort einem Privatunternehmer verpachtet. Im Dezember 1924 wurde der Autobusbetrieb, nachdem er im März 1922 eingestellt worden war, wieder aufgenommen und weiter ausgebaut: Elf Linien verkehrten 1925 auf 104,4 Kilometern Streckenlänge. Im selben Jahr wurde auf dem Betriebshof Bottrop ein Autobusschuppen errichtet, während in Datteln und Waltrop Unterstellmöglichkeiten für Busse angemietet wurden. Die Halle in Datteln wurde 1927 schon wieder geschlossen; die Fahrzeuge kamen nach Waltrop und Selm.

Ende des Jahres 1925 verfügten die Vestischen Kleinbahnen über 18 Busse und vier Anhängewagen. Mit der Stadt Selm wurde im November 1926 ein Vertrag über die Überlassung eines Grundstücks zur Errichtung einer Autohalle geschlossen. Für den Bau der Halle stellte die Stadt kostenlos *„verwendungsfähige Erwerbslose“* zur Verfügung. Hauptaufgabe der dort stationierten Fahrzeuge war die Beförderung der Bergarbeiter zur Zeche König Ludwig.

Noch schnitt der Bus wirtschaftlich schlechter ab als die Straßenbahn. Da die Technik der Busse in dieser Zeit noch nicht so ausgereift war wie heute und die Straßen oft nicht mehr als staubige Chausseen waren, lagen die Betriebskosten für diese Fahrzeuge 40-50% über denen der Straßenbahn.

Die Autobushalle Selm, errichtet 1926.

In den zwanziger Jahren wurden die Busse vornehmlich zur Beförderung von Arbeitern zu ihren Arbeitsstätten eingesetzt. So auch der Bus Nr. 24 (mit Anhänger), vor dem sich in den zwanziger Jahren die Mannschaft der Autohalle Selm postiert hat. Er wurde zum Pritschenwagen umgebaut und brachte die Arbeiter zur Zeche Ewald.

Entwicklung des Personalbestandes in den ersten 25 Jahren:

	1901	1924	1925
Verwaltung	3	28	32
Technik	5	90	150
Werkstatt	19	203	236
Fahrpersonal	35	334	426
Insgesamt	62	655	844

Die Mannschaft der Bahnmeisterei Herten in Aktion: Schienenverlegung im Grünen. Zum Materialtransport diente der 1925 zum Gütertriebwagen 1009 umgebaute Triebwagen Nr. 7. (Aufnahme von 1926) *(Sammlung Heinrich Lauf)*

links:
Die Besetzung des Kassenbüros auf dem Betriebshof Herten um 1925. Von links: Gustav Danielzik, Dietrich Wegge, Wilhelm Felling, Paul Kurka, Alfred Best, Ludwig Backhaus und Herr Mairose.

rechts:
Gruppenbild der Kontrolleure mit Oberkontrolleur, ca. 1925. Nicht viele von ihnen sind noch mit Namen bekannt: Vorn in der Mitte sitzt der „Ober" Löhr, links Wilking, rechts Franz Knepper. Dahinter stehen Hase (2.v.l.) und Stellmacher (rechts außen). *(Sammlung Josef Knepper)*

Des einen Freud, des andern Leid: Die Vestischen Kleinbahnen expandierten – die Fuhrunternehmer bangten um ihre Existenz. So schrieb Heinrich Hagen aus Oer am 30.3.1926 an die Direktion:

„Seit November 1924 habe ich auf der Strecke Recklinghausen-Oer-Erkenschwick einen Pferdeomnibusbetrieb eingerichtet. Die Genehmigung zur Inbetriebnahme eines Autobusverkehrs auf obiger Strecke ist nicht erteilt worden. Durch eine evtl. Betriebsaufnahme seitens der Vestischen Kleinbahnen würde ich beschäftigungslos. Krankheitshalber komme ich auf einer Zeche nicht an. Die Direktion der Vestischen Kleinbahnen bitte ich daher, mir bei Stillegung meines Betriebs eine Entschädigungssumme zahlen zu wollen." Es ist nicht bekannt, ob seinem Begehren stattgegeben worden ist.

Am 1.3.1926 wurde in der Gaststätte Grotthof der Kameradschaftsverein Buer gegründet. Bis dahin waren die Mitarbeiter des Betriebsbahnhofes Buer dem Kameradschaftsverein Herten angeschlossen, doch die Expansion machte einen eigenen Verein erforderlich. Ausgangspunkt war auch hier die Einsicht, dass die Förderung der Kameradschaft in engem Zusammenhang zum Betriebsklima steht. Nach ihrem verantwortungsvollen Dienst konnten die Beschäftigten bei verschiedenen Festen und Ausflügen Ent-

Alles, was Rang und Namen hatte, versammelte sich am 11.7.1925 vor der Gaststätte Meermann, um dort feierlich die Linie 4 von Waltrop nach Brambauer auf ihren ersten Kurs zu schicken. Die Verbindung Waltrop-Meckinghoven bestand bereits seit Dezember 1924.

Blick in die Hauptwerkstatt Herten 1926.

spannung finden. Das Programm gestalteten die Mitglieder selbst.

1926 war in dieser Hinsicht für den Kameradschaftsverein Bottrop ein besonderes Jahr. Im Dezember 1909 war er als Verein der Angestellten gegründet worden. Nun galt es, die von Rentner Ludwig Pikutt gestiftete Fahne zu weihen. Die Hertener Kapelle, (Ehren-) Jungfrauen und Straßenbahner zogen Anfang September 1926 in einem festlichen Zug durch die Straßen. In den folgenden Jahren entstanden innerhalb des Vereins Abteilungen für Gesang, Sport, Musik und Theater.

Stolz wird bei der Fahnenweihe im September 1926 die Fahne des Kameradschaftsvereins Bottrop präsentiert, die die Aufschrift trägt: „Seid einig und treu“.

„Rein im Sang, treu im Wort, fest in Eintracht immerfort“ – Wahlspruch für die im Sommer 1927 gegründete Gesangsabteilung Bottrop.

Musikalisch gesehen setzte sich Bottrop von Herten ab und gründete 1929 eine eigene Werkskapelle. Hier haben sich die Gründungsmitglieder für ein Foto aufgestellt.

„[...] Jedes in Betrieb befindliche Fahrzeug muß an einer sichtbaren Stelle den Namen des Unternehmers tragen. Auch muß es mit einer Bezeichnung der Linienführung versehen sein. Die Fahrzeuge müssen mit je einem Feuerlöscher, der sich in Reichweite des Führers befindet, ausgerüstet sein. [...] Die Fahrzeuge müssen mit Gummiluftbereifung versehen sein. [...] Der Fahrplan und ein Verzeichnis der Beförderungspreise sind an sichtbarer Stelle in den Fahrzeugen auszuhängen. [...] Die Führer der Kraftomnibusse müssen mindestens 23 Jahre alt sein. Sie müssen frei von geistigen und körperlichen Fehlern sein [...] Die Führer haben durch eine besondere Prüfung und durch Probefahrten [...] ihre Zuverlässigkeit und Befähigung für den Dienst als Führer eines Kraftomnibusses darzutun. [...] Die Führer sind mit einer schriftlichen Dienstanweisung zu versehen, [...] Führer, die sich als technisch unfähig oder unzuverlässig durch ihren Dienst erweisen, sind unverzüglich aus diesem zu entfernen."

Vorschriften des Polizeipräsidenten Recklinghausen von April 1928 für den Busbetrieb

Die neue Kraftfahrzeughalle und -werkstatt der Vestischen Kleinbahnen auf dem Gelände des Betriebsbahnhofes Herten von außen.

Ein Blick in das Innere der neuen Autowerkstatt. Rechts hinten Busanhänger Nr. 4, vorn ein Dienstfahrzeug.

Es geschah am 23. Mai 1928. An diesem Tag näherte sich in Buer ein mit Bauholz beladener nagelneuer Lastwagen mit Anhänger von der Erlestraße her der Goldbergstraße, um diese zu überqueren. Leider übersah der Fahrer den von rechts kommenden Straßenbahnzug – und schon war es passiert: Der Beiwagen (Nr. 95) wurde zur Seite gedrückt, daraufhin kippte der Triebwagen (Nr. 13) um, und auch der Lkw-Anhänger lag auf der Seite. Zwei Fahrgäste überlebten diesen Unfall nicht, weitere 32 wurden verletzt.

Ein Ereignis von nationaler Bedeutung streifte das Gebiet der Vestischen: Auf seiner Westdeutschland-Fahrt von Friedrichshafen über das Ruhrgebiet nach Berlin (und zurück auf anderer Route) schwebte der 230m lange „Graf Zeppelin" mit 26 Passagieren an Bord am 12.9.1929 auch über den Betriebshof Herten hinweg. In „freudiger Erregung und froher Erwartung" harrte die Bevölkerung seines Kommens und begrüßte ihn – als er gegen 9.30 Uhr erschien – mit Flaggenschmuck, Sirenengeheul und Glockengeläut. Die Schulkinder hatten schulfrei bekommen, und mancher Lehrer lagerte mit seiner Klasse auf erhöhten Stellen des Stadtgebietes, um von dort einen besonders guten Blick zu haben.
(Sammlung Kotlenga)

Ab 1925 ging es mit der Wirtschaft im Ruhrgebiet allmählich wieder bergauf – dank der internationalen Friedens- und Verständigungspolitik und amerikanischer Milliardenkredite für die deutsche Wirtschaft. Von diesen Krediten machte die Vestische ebenfalls Gebrauch: 1927 nahm die Direktion eine Anleihe auf: 1.750.000 $ der Foreign Trade Securities Co. New York sollten helfen, den Betrieb in Gang zu halten. Als Sicherheit diente die Eintragung einer Sicherungshypothek im Bahngrundbuch zugunsten der Deutschen Landesbanken-Zentrale AG Berlin als deutschem Treuhänder. Im selben Jahr richteten die Vestischen Kleinbahnen unter Beteiligung der KraftverkehrsGmbH Westfalen in Dortmund (KVW) eine private Kraftfahrschule zur Ausbildung von Berufs- und Herrenfahrern ein, die sie ab 1928 allein betrieb. In diesem Jahr wurde der Betriebshof Herten um eine Autowerkstatt für 30 Fahrzeuge und eine neue Wagenhalle erweitert.

Weltwirtschaftskrise

In der zweiten Hälfte des Jahres 1929 endete der seit 1924 zu verzeichnende Konjunkturaufschwung mit der Weltwirtschaftskrise. Die zahlungsunfähigen amerikanischen Banken zogen alles verfügbare Kapital zurück, auch aus Deutschland. Investitionsrückgang, Produktionsstillegungen und Massenarbeitslosigkeit kennzeichneten die Lage. Im August 1931 war das Deutsche Reich zahlungsunfähig. Die Löhne wurden bis 1932 um 20-27% gekürzt.

Zu Ostern 1929 stellten die Vestischen Kleinbahnen neue Straßenbahnwagen in Dienst, erstmals vollständig aus Eisen, deren zwei Motoren es auf eine Leistung von je 44 kW brachten. Sie boten 22 mit Kunstleder überzogene Sitzplätze. Die Plattformen verfügten zum Innenraum hin über breite Schiebetüren aus Teakholz. Die Innenseiten der Wagen waren im oberen Bereich mit Mahagoni verkleidet. Acht große Seitenwandfenster mit oberen Lüftungsklappen sorgten für Durch-

Aus den Mitteln der Dollaranleihe wurden 10 Triebwagen beschafft (Tw 305-314), die ab 1929 eingesetzt wurden. Der Tw 314 wurde von einem Privatmann vor der Verschrottung gerettet. ***(Bergisches Straßenbahnmuseum)***

Ein Blick auf den Fahrerarbeitsplatz des Tw 314. Immerhin gab es einen Sitz – in den ersten Jahrzehnten mussten die Fahrer stehen. Die rechte Kurbel diente als Handbremse, die linke (vor der Scheibe) als Schienenbremse und zur Betätigung des Sandstreuers beim Bremsvorgang. Die beiden Hebel links davon waren für Blinker und Fernlicht. Auf der breiten Tafel links im Bild befanden sich der Hauptschalter (rechts) für die Stromzufuhr und die Einstellung der Fahrtrichtung sowie die Fahr- und Bremsstufenanzeige. Mit dem Knüppel links vom Sitz (Fahrschalter) wurde die Fahrgeschwindigkeit bestimmt.
(Sibylle Brakelmann)

blick und Lüftung. Der weiche Lauf, die gute Federung und die verhältnismäßig große Anfahrbeschleunigung stellten eine eindeutige Verbesserung gegenüber den vorherigen Modellen dar.

Doch die wirtschaftliche Situation zwang erneut zu Sparmaßnahmen. Die (vorübergehende) Einführung des Einmannverkehrs in den Bussen wurde den Fahrgästen in der Buerschen Zeitung vom 29.3.1929 dargelegt: *„Als Vorbereitung für die Einführung des Einmannbetriebes sind zwei Hauptmerkmale zu beachten, die Wagenbesetzung und die Fahrzeit. Es ist selbstverständlich, dass bezüglich der Wagenbesetzung nur solche Linien in Frage kommen, bei denen eine verhältnismäßig niedrige Verkehrsziffer vorliegt. Die Fahrzeit wiederum ist so zu bemessen, dass dem Kraftwagenführer außer für den Fahrdienst selbst noch die zur Bedienung der Fahrgäste erforderliche Zeit verbleibt. […] Der Zweck des Einmannbetriebes ist natürlicherweise die Verminderung der Betriebsausgaben, […] Wir dürfen wohl erwarten, dass sich der Einmannbetrieb auch in unserem Bezirke einbürgert, um so mehr, als seine Einführung infolge der schlechten wirtschaftlichen Lage erfolgen muß.“*

Doch es gab zu diesem Thema auch kritische, geradezu warnende Stimmen. In der Buerschen Zeitung vom 8.3.1929 heißt es unter der Überschrift „Die Gefahren des geplanten 'Einmann'-Systems der Vestischen Autobuslinien“: *„So hätte in Zukunft der Chauffeur alle Fahrgäste mit einem Fahrschein zu versehen und das Fahrgeld in Empfang zu nehmen. […] Schon die Tage der kurzen Probezeit bewiesen den aufmerksamen Fahrgästen, welche Verzögerung im gesamten Autobusverkehr eintreten kann, sobald der Schaffner der Wagen 'abgebaut' und der Chauffeur auch mit der Einkassierung der Fahrgelder beauftragt wird. […] In diesen Wagen muß jeder einsteigende Fahrgast am Chauffeur vorbei, der mit umgehängter Kassentasche am Steuerrad sitzt und von hier aus die Fahrgäste mit Fahrscheinen versehen kann. […], so ist der dem Chauffeur zur Verfügung stehende Platz aber immer so, dass das vor ihm stehende Steuerrad ihn in seiner Arbeit ungeheuer hemmt, was die Abfertigung der Fahrgäste außerordentlich erschwert. […] Man darf auch nicht unberücksichtigt lassen, dass der Lenker eines so schweren Personenkraftwagens geistig und körperlich schon durch die Fahrt so stark in Anspruch genommen wird, dass er unseres Erachtens unmöglich auch noch die Funktionen eines Schaffners übernehmen kann.“*

Bereits ab Februar 1930 war die wirtschaftliche Depression am Einnahmeausfall ablesbar. Im September wurde die Fahrschule geschlossen. Gegen Ende des Jahres gab es nur

> „Auf den vorderen Plattformen der Triebwagen darf stets geraucht werden, sofern die Plattformen vom Wageninnern abgeschlossen sind. Auf den hinteren Plattformen darf nur dann geraucht werden, wenn kein Beiwagen mitgeführt wird. In den Beiwagen darf stets geraucht werden."
>
> *Vorschriften für Straßenbahnwagen 1929*

noch neun Buslinien. Der Fahrplan der Straßenbahnen wurde so weit ausgedünnt, dass sieben Wagenzüge eingespart werden konnten. Durch diese Betriebseinschränkungen sowie durch Einstellung der Bautätigkeit an Neubaustrecken und sonstige Rationalisierungsmaßnahmen wurde der Personalbestand von 1.094 auf 857 Mitarbeiter verringert.

Zum 14.1.1931 wurde der gesamten Belegschaft gekündigt – aufgrund der Verordnung des Reichspräsidenten von Hindenburg vom 1.12.1930. Diese Verordnung schrieb eine 6%ige Gehaltskürzung ab 1.1.1931 vor. Durch die Maßnahme der allgemeinen Kündigung wollte sich die Verwaltung für die Zeit nach dem 14. Januar 1931 die tarif- und arbeitsvertragliche Möglichkeit schaffen, während eines tariflosen Zustandes sich von der Nachwirkung des abgelaufenen Tarifvertrages in den Einzeldienstverträgen zu befreien und durch das Angebot neuer Arbeitsbedingungen an das gekündigte Personal die Personalausgaben auf ein den wirtschaftlichen Verhältnissen des Unternehmens entsprechend erträgliches Maß zu beschränken.

In einer Denkschrift über die wirtschaftliche Situation der Vestischen Kleinbahnen analysierten die Direktoren Arnold und Götte 1933 die Ursachen für die damalige Lage. Folgende Punkte bereiteten ihnen Sorgen:

1. Von 1871-1925 stieg die Bevölkerung Deutschlands um rd. 55%, im Ruhrgebiet jedoch um 433% und in dem Gebiet der Gesellschafter-Kommunen sogar um 634%.
2. In dem ursprünglich rein ländlichen Gebiet mussten erst die Voraussetzungen für die Ansiedlung dieser Menschenmengen geschaffen werden.
3. Die Bevölkerungsstruktur wich vom Durchschnitt ab. In den preußischen Großstädten kamen 1925 auf 100 Einwohner durchschnittlich 56 Arbeiter; im Ruhrgebiet lag dieser Anteil jedoch bei 67-83. Diese Menschen waren überwiegend in der

Die Aufgabe des Ritzenschiebers war die Säuberung der durch Schmutz und Laub verunreinigten Schienen. Dazu bediente er sich eines eisernen Schiebekastens, der vorn eine schräg nach unten gestellte Zunge besaß. Diese wurde in die Schiene gesetzt. Mit voller Kraft schob der Mann das Gerät vor sich her. Dabei holte die Zunge den Unrat aus der Schiene, der in dem Kasten gesammelt wurde. In Abständen wurde dieser am Straßenrand geleert, so dass der Weg des Ritzenschiebers von kleinen Dreckhaufen gesäumt war. Mit einem Arbeitswagen sammelten Kollegen diese Häufchen auf. (aus *Alte Geschichten aus Herten-Süd*, zusammengetragen von Reimund Zoschke) *(Zeichnung von Orlikowski)*

Der Straßenbahntriebwagen 301 – hier die Innenansicht – wurde 1928 in eigener Werkstatt erbaut. Die Hinweisschilder „Nicht in den Wagen spucken" gehören heute der Vergangenheit an!

Produktionsmittelindustrie beschäftigt, weniger in der Verbrauchsgüterindustrie. Die Produktionsmittelindustrie ist jedoch wesentlich eher und stärker von wirtschaftlicher Rezession betroffen, so dass sich die Einkommenssituation im hiesigen Raum viel schlechter darstellte als anderswo. Diese mangelnde Kaufkraft führte letztendlich zu dem vorhandenen Verkehrs- und Einnahmerückgang des Unternehmens.

Zusammenfassend stellten die beiden Direktoren fest, dass Verkehrsbetriebe *„wie kein anderes Unternehmen von dem wirtschaftlichen Wohlergehen der in dem befahrenen Bezirk wohnhaften Bevölkerung"* abhängen. Verkehrsbetriebe könnten nur langsam auf veränderte Verkehrsbedürfnisse reagieren und dürften ihr Angebot nicht zu plötzlich reduzieren, um auch in besseren Zeiten keine Fahrgastverluste zu riskieren. Zudem liege ihr Nachteil gegenüber anderen Betrieben darin, dass sie ihre Leistung nicht auf Lager legen und später bei Bedarf abrufen könnten. Zur Verbesserung der Einnahmesituation lehnten die Direktoren Fahrpreiserhöhungen jedoch ab. Eine solche Maßnahme wäre *„vollkommen erfolglos, weil das Einkommen unserer Fahrgäste die Belastung nicht mehr verträgt. Es muß im Gegenteil versucht werden, mit den Fahrpreisen nach Möglichkeit noch herunterzugehen, um weitere Abwanderungen zu verhüten"*. Andere Möglichkeiten zur Ausgabenreduzierung, wie z.B. Senkung der Beschäftigtenzahlen (von 1.124 am 1.1.1929 auf 624 am 1.12.1932), seien bereits umgesetzt worden.

Eine dunkle Zeit

Auf der politischen Bühne fand das mangelnde Vertrauen in Demokratie und Weimarer Verfassung seinen Ausdruck in der Ernennung Adolf Hitlers zum Reichskanzler durch den Reichspräsidenten Paul von Hindenburg. Hitler brachte auf seine Weise „Ordnung" in das politische Chaos und Schwung in die marode Wirtschaft: Jegliche Opposition wurde unterdrückt und beseitigt; die Wirtschaft wurde zwangsorganisiert, „Gleichschaltung" auf allen Gebieten hieß die Parole mit dem Ziel der personellen und ideologischen Erfassung des ganzen Volkes. Die Wirtschaftspolitik diente nur dem Ziel des Eroberungskrieges im Osten. Das Land wurde zum totalitären Führerstaat, den Reichspropagandaminister Goebbels 1939 zum „Tausendjährigen Reich" erklärte.
Alles, was nicht in diese neue „Ordnung" passte, wurde rigoros beseitigt. Jeder, der sich nicht fügte – sei es aus Überzeugung oder weil er einen behördlicherseits definierten „Makel" aufwies – wurde abgeholt: Juden, Sinti und Roma, politisch Andersdenkende, Homosexuelle und andere unerwünschte Personen. Konzentrationslager entstanden, in denen diese Menschen gefangen gehalten, gefoltert und ermordet wurden – Misstrauen und Denunziation waren an der Tagesordnung. Die Gewerkschaften wurden zerschlagen, Arbeiter und Unternehmer wurden einer staatlichen Einheitsorganisation eingegliedert, der Deutschen Arbeitsfront (DAF). Staatliche Tarifregelung, Einschränkung der freien Arbeitsplatzwahl, Abbau von Arbeitnehmerrechten, staatliche Lenkung der Produktion – die Wirtschaft wurde von Anfang an im Blick auf ihren Einsatz im Krieg organisiert.

Der Unternehmer wurde nun „Führer des Betriebes" genannt, die Arbeitnehmer hießen „Gefolgschaft". Demokratische Mitwirkungsmöglichkeiten wurden ersetzt durch den sog. Vertrauensrat, der aus dem Unternehmer als Vorsitzendem und von ihm ernannten Vertrauensmännern bestand.

Der Geschäftsbericht der Vestischen Kleinbahnen für das Jahr 1933 beginnt mit der Feststellung: „*Die allgemeine Wirtschaftsbelebung und Aufwärtsbewegung, hervorgerufen durch den Sieg der nationalen Revolution, hat sich auf unser Unternehmen […] leider noch nicht voll ausgewirkt.*"

In der Direktion fand ein Wechsel statt: Generaldirektor Heinrich Arnold, seit Beginn des Unternehmens dabei, ging aus Altersgründen in den Ruhestand und wurde im September vom Parteigenossen Leo Queck, Regierungsbaumeister a.D., abgelöst. Hermann Götte, zweiter Geschäftsführer seit 1932, blieb in seiner Position.

Für die innerbetriebliche Organisation war die politische Richtungsänderung nicht ohne Bedeutung. In einem Artikel der Recklinghäuser Zeitung vom 30.4.1933 heißt es zum Thema NSBO (= Nationalsozialistische Betriebszellen-Organisation): „*Die beste Zelle bestand von jeher bei den Vestischen Kleinbahnen in Herten. Anfangs kam man meist mit 4-7 Mann zusammen, aber schon nach 3 Monaten war fast die ganze Belegschaft in der NS.-Betriebszelle organisiert. Die letzten Betriebsratswahlen hatten das glänzende Ergebnis, dass heute fast 80 Prozent der Belegschaft nationalsozialistisch organisiert ist. […] Zweck ist zunächst neben den bestehenden Organisationen der NSDAP […] eine Organisation zu schaffen, die hauptsächlich den Marxismus an der Wurzel – im Betrieb – bekämpfen soll.*" Hauptziel dieser Organisation, die in jedem Betrieb Fuß fasste, war in den Anfangsjahren der nationalsozialistischen Bewegung die geistig-politische Vereinnahmung der Arbeitnehmerschaft. Nach der schrittweisen Entmachtung der NSBO wurde sie im Januar 1935 als Hauptamt in die DAF eingegliedert.

Der 1. Mai, traditioneller Kampftag der Arbeiterbewegung, wurde 1933 zum „Tag der nationalen Arbeit" erklärt – einen Tag später wurden die führenden Gewerkschaftsfunktionäre festgenommen und in Konzentrationslager eingeliefert. Die Feiern am 1. Mai bedeuteten für die Betriebe jährliche Großver-

Alle, die nicht auf der Strecke im Dienst sind, haben sich zu einem Abschiedsfoto für den scheidenden Generaldirektor Heinrich Arnold versammelt, der in der ersten Reihe sitzt (mit gekreuzten Beinen).

Die Aufnahme zeigt die Kapelle der Vestischen um 1934 auf der Ewaldstraße an der Ecke Vitusstraße. Der Junge, der vor der Kapelle hergeht, trägt ein Schild mit der Aufschrift: „N.S.B. Zelle Vestische Kleinbahnen". – Im Hintergrund ist die obere Etage des Modehauses Heckmann zu erkennen.

sammlungen und Beteiligung an Umzügen. Im Laufe der Jahre wurde der Tag umgedeutet zum „Nationalen Feiertag des deutschen Volkes", an dem die deutsche Volksgemeinschaft

> „Der Ehrentag der Arbeit wird gefeiert. Alle Häuser und Straßen sind mit unzähligen Fahnen und mit jungem Grün geschmückt. Morgens 6 Uhr findet großer Zapfenstreich in den Straßen statt. Um 8 Uhr werden auf den Werken und auf dem Rathaus im Beisein der Belegschaft die Flaggen gehißt. In langen Reihen ziehen die Arbeiter der Stirn und der Faust auf dem Sportplatz an der Paßstraße zur Teilnahme am Feldgottesdienst auf."
>
> *Jahrbuch der Stadt Bottrop für 1933*

gefeiert wurde. Auch die Mitarbeiter der Vestischen Kleinbahnen nahmen – wie alle anderen – an diesen Veranstaltungen teil.

Die allgemeine wirtschaftliche Situation verbesserte sich ab 1936, was nicht ohne Auswirkung auf die Vestischen Kleinbahnen blieb. Die Fahrzeuge waren stärker ausgelastet und die Einnahmen stiegen wieder. Angesichts dieser Entwicklung war es möglich, nach einer Zeit der Lohnreduzierung den Beschäftigten ab Februar 1937 wieder die volle Bezahlung, auf die sie hatten verzichten müssen, zukommen zu lassen.

1. Mai 1933: Die Hauptwerkstatt wurde leergeräumt, um die Menschenmassen fassen zu können, die sich zu den Feierlichkeiten versammelten. Reichlich beflaggt und mit Birkengrün geschmückt präsentierte sie sich im – noch – ungewohnten Gewand. Im rechten Teil der Halle (im Anschluss an die Pfeiler rechts im Bild) waren Tische und Stühle aufgestellt.

Die Mitarbeiter des Betriebsbahnhofes Buer postierten sich zur Feier des 1. Mai 1936 vor dem mit Wimpeln geschmückten Dienstgebäude. Zwischen den Fenstern im Obergeschoss wurde ein Bild Adolf Hitlers aufgehängt. Im mittleren der großen Fenster im Erdgeschoss rechts ist eine Tafel angebracht mit der Inschrift: „Nationaler Feiertag des Deutschen Volkes".

links:
Auch das gehörte zum wintertäglichen Arbeitspensum: Schneeräumen auf freier Strecke, hier am 3.2.1934 auf der Linie 6 Recklinghausen-Marl in Höhe Steinernkreuz.
(Sammlung Reimund Zoschke)

oben:
Im Anschluss an die Feiern zum 1. Mai musste aufgeräumt werden. Die geliehenen Tische und Stühle wurden draußen gestapelt. Auch die Schilder mit Hinweisen auf verschiedene Örtlichkeiten mussten wieder zusammengetragen werden. Der „Räumtrupp“ fand nach getaner Arbeit noch Zeit für ein Foto.
(Sammlung Manfred Krafczyk)

Wieder mal was Neues: 1934 wurde der Bus Nr. 29 (Fa. Büssing) umgebaut auf Antrieb mit Holzgas. Hier sind die Mitarbeiter dabei, den Kessel zu reinigen.

Der Kraftomnibus Nr. 42 wurde 1935 gebaut.

Hauptträger propagandistischer Aktivitäten war die DAF. Ziel jeglicher Maßnahme war die Unterstützung des Regimes. Die DAF tat sich besonders hervor auf dem Gebiet der sozialen und kulturellen Betreuung sowie der fachlichen Weiterbildung. Darunter fiel zur Überprüfung und Steigerung der Leistungsfähigkeit der Betriebe der seit 1934 jedes Frühjahr stattfindende Reichsberufswettkampf für Jugendliche. Mit diesem Wettkampf konnte die Berufsausbildung kontrolliert und die Leistungsbereitschaft der Jugendlichen angestachelt werden, denn im Falle eines Sieges durfte man auf individuelle Förderung hoffen. Darüber hinaus sollte der Wettkampf eine Vertrauensbasis gegenüber dem System schaffen.

Bei den Vestischen Kleinbahnen begann 1937 eine zusätzliche Berufserziehung, die den Beteiligten eine erfolgreiche Teilnahme am Reichsberufswettkampf ermöglichen sollte. Tatsächlich wurden vier Mitarbeiter Gausieger. Lohn der Mühe waren wirtschaftskundliche Studienfahrten und weitere berufliche Förderung. Die folgenden Jahre brachten dem Betrieb in dieser Hinsicht weiterhin Erfolge.

Ab März 1939 begannen die Vestischen Kleinbahnen mit dem Transport der Arbeiter zu den neu errichteten Chemischen Werken Hüls auf einer zunächst eingleisig angelegten, ab Mitte Mai zweigleisigen Strecke. Zudem starteten sie auf der Linie Recklinghausen-Erkenschwick-Datteln einen Versuch: Ein- und Aussteigen nur noch auf der Seite des Gehweges. Die bisherige Praxis, den Straßenbahnwagen von beiden Seiten betreten und verlassen zu können, hatte aufgrund des

Den Kindern wurde bei der Vestischen zu allen Zeiten etwas geboten. Bei der Nikolausfeier im „Kaiserhof" (ca. 1934/35) wirkten Kinder und Erwachsene begeistert mit. Vorn rechts auf der Bühne liegt als Zwerg Fritz Neumann, der Jahre später als Lehrling bei der Vestischen anfing. Seine Schwester schwebt als Engel über allen. Auf der linken Seite steht hinter seiner Tochter (mit Akkordeon) Mitarbeiter Rabiga. ***(Sammlung Fritz Neumann)***

Besonders gefährliche Punkte im Straßenverkehr waren die niveaugleichen Kreuzungen mit Gleisen der Zechenbahnen. Die Verantwortlichen der Straßenbahngesellschaften versuchten, solche unfallträchtigen Stellen durch Über- oder Unterquerung der Bahnlinie durch die Straßenbahnen zu vermeiden. Doch ließ sich das nicht immer verwirklichen. So kam es am 3.1.1939 am Bahnübergang Marl-Hüls zu einem schweren Zusammenstoß von Bus Nr. 45 und Anhänger Nr. 4 mit einem Zug der Zeche Auguste Victoria.

zunehmenden Autoverkehrs zu Unfällen auf der zur Straße liegenden Seite geführt. Das Projekt musste jedoch für die Dauer des Krieges eingestellt werden.

1938 waren die Vestischen Kleinbahnen in Verhandlungen mit der Stadt Gelsenkirchen getreten wegen des Verkaufs der Straßenbahnlinien Horst-Horst(Süd) und Buer-

Hier haben sich die Mitarbeiter des Betriebshofes Bottrop aufgestellt. Nicht zu übersehen sind die aufgenähten Hakenkreuze am linken Ärmel der Uniformen.

Am 18.12.1927 war die 4,6 km lange Strecke Buer-Gelsenkirchen-Schalke in Betrieb genommen worden.

Sutum-Schalke an die Bochum-Gelsenkirchener Straßenbahnen AG – ein Geschäft, das im August 1939 zustande kam. Eine weitere geschäftliche Transaktion kam Ende des Jahres zum Abschluss. Mit Vertrag vom 6.12.1939 übernahmen die Vestischen Kleinbahnen die Bahnanlagen der Straßenbahn Herne-Recklinghausen und rückwirkend zum 28. Oktober auch die 80 Mitarbeiter. Damit hatte die Vestische die Monopolstellung in der Region bekommen.

Die Entwicklung der Straßenbahnlinie Herne-Recklinghausen begann am 1.4.1897 mit der Ausstellung der Genehmigungsurkunde durch den Regierungspräsidenten in Münster. Eröffnet wurde die Strecke vom Herner Bahnhof bis zum Viehtor in Recklinghausen am 26.2.1898.

Zu Beginn verfügte der Betrieb unter der Leitung des Betriebsdirektors von Doering über einen Werk- und Streckenmeister, einen Kontrolleur, 20 Schaffner und Fahrer, drei Schlosser, zwei Maschinisten, zwei Heizer, einen Hofarbeiter, zwei Gleisreiniger und einen Bürobeamten. Auf dem Betriebshof befanden sich ein Verwaltungsgebäude, eine Wagenhalle, eine Reparaturwerkstatt und ein Kessel- und Maschinenhaus.

1902 genehmigte der Regierungspräsident in Münster die Verlängerung der Straßenbahn vom Viehtor bis zum Marktplatz und 1905 folgte die weitere Verlängerung bis zum Hauptbahnhof Recklinghausen.

1908 änderte die Gesellschaft, bedingt durch die Eingemeindung Baukaus nach Herne, ihren Namen in „Straßenbahn Herne-Recklinghausen“. Nach einer wirtschaftlichen Talfahrt verzeichnete die Linie bis zum Kriegsbeginn 1914 einen erfreulichen Aufschwung der Einnahmen. Sofort in den ersten Mobilmachungstagen wurden 25 der 39 Fahrer und Schaffner eingezogen. Um diesem Mangel an männlichem Fahrpersonal abzuhelfen, wurden 1915 die ersten sechs Schaff-

Das Recklinghäuser Volks-Blatt berichtete immer wieder über Provokationen und auch Vandalismus auf der neu gegründeten Linie Herne-Recklinghausen:

„Am Freitag legte ein etwa 12jähriger Schulknabe in die Weiche der Straßenbahn bei Sasse am Turnplatz einen Stein, sodaß dieselbe nicht funktionieren konnte und der Wagen zur Entgleisung kommen mußte. Glücklicherweise wurde die nichtsnutzige Handlung von einem Anwohner der nächsten Häuser bemerkt und der Stein noch rechtzeitig entfernt. Der Bengel ist zur Anzeige gebracht worden. – In Bruch wurden am Samstag Abend mehrere Tafeln, welche die Haltestelle der Straßenbahn anzeigen, mutwillig abgerissen."

10.3.1898

„Fortwährend findet man Personen jeglichen Alters den Schienenstrang entlang gehen und trotz aller Signale seitens des Fahrpersonals wird derselbe erst verlassen, wenn die höchste Gefahr im Verzuge ist. Besonders ist es auch die Jugend, durch welche allerlei schlechte Scherze auf der Strecke getrieben werden. Am Samstag Mittag und Abend mußte ein Wagen halten, da in der Kurve bei Bendix und in der Weiche an der Ludwigstraße abermals dicke Eisensteine eingezwängt waren. Die Polizei bietet alles auf, der Übeltäter, welche in so böswilliger Weise die Wagen zur Entgleisung zu bringen suchten, habhaft zu werden."

15.3.1898

„Während drei Stunden war am Mittwoch Abend der Verkehr auf der elektrischen Bahn unterbrochen. Die Ursache war die Entgleisung eines langen Motorwagens an der Unterführung bei Zeche Blumenthal. Der Unfall war dadurch entstanden, dass böswillige Hände abermals dicke Eisensteine zwischen die Doppelschienen gezwängt hatten. Der Wagen hatte sich vollständig aus dem Geleise gehoben und stand quer auf der Chaussee, wodurch auch der sonstige Verkehr beeinträchtigt wurde. Glücklicherweise soll Niemand erheblich zu Schaden gekommen sein. Die Polizei entfaltet eine eifrige Tätigkeit zur Ermittelung der Täter."

7.5.1898

nerinnen eingestellt. Ende des Jahres 1917 waren es 27 Schaffnerinnen, die fast alle nach Kriegsende wieder entlassen wurden, als die Männer zurückkehrten.

Bereits 1918 waren die Überlegungen hinsichtlich einer Fusion mit den Vestischen Kleinbahnen wieder aufgenommen worden. Erwägungen einer generellen Betriebsmittelgemeinschaft mussten fallengelassen werden, da die technischen Schwierigkeiten aufgrund der Verschiedenheit der Wagenausrüstungen nur die Regelung einzelner Fälle sinnvoll erscheinen ließen. Im November 1923 erklärte sich der Aufsichtsrat der Vestischen Kleinbahnen mit der Übernahme der Verwaltung der Straßenbahn Herne-Recklinghausen einverstanden.

Die 30er Jahre verliefen für die Straßenbahn Herne-Recklinghausen nicht besonders erfreulich. Der Verkehr ging angesichts der schlechten Wirtschaftslage und der damit zusammenhängenden zunehmenden Arbeitslosigkeit zurück, Löhne und Gehälter der Angestellten mussten herabgesetzt werden. Als sich Mitte der 30er Jahre allmählich eine Besserung der wirtschaftlichen Situation einstellte, profitierte die Straßenbahn kaum davon – zunehmender Kraftverkehr und die stärkere Verbreitung des Fahrrads machten ihr schwer zu schaffen. Als 1936 die Befreiung von der Gewerbesteuer aufgehoben wurde und das Unternehmen die bisher gestundeten Beträge seit 1924 zurückzahlen musste, wurde die Lage immer schwieriger. In dieser Situation nahm die Direktion Fusionsverhandlungen mit mehreren Interessenten auf, aus denen die Vestischen Kleinbahnen als Sieger hervorgingen. Damit war das Schicksal der Straßenbahn Herne-Recklinghausen besiegelt und fest mit dem des ehemaligen Konkurrenten verbunden.

Der Zweite Weltkrieg

Am 1.9.1939 verkündete Hitler den Beginn des Krieges, gedacht als Blitzkrieg, der zunächst zu schnell errungenen Siegen führte. Der Angriff auf die Sowjetunion (22.6.1941) und der Kriegseintritt der USA nach dem Überfall Japans auf Pearl Harbour (7.12.1941) ließen den Krieg zum Weltkrieg werden. Die deutsche Niederlage bei Stalingrad (31.1.-2.2.1943) markierte die Wende. Die Westmächte verschärften nach Ausrufung des „Totalen Krieges" durch Propagandaminister Goebbels (18.2.1943) den Luftkrieg, auch gegen die Zivilbevölkerung. Die Luftangriffe trieben die Menschen in die Bunker. „Gelebt" wurde in den Kellern der zerstörten Häuser. Wer auch da keinen Platz fand, richtete sich im Bunker ein. Nichts funktionierte mehr: Strom, Wasser oder Gas gab es kaum noch. Mütter und kleine Kinder wurden in umfassenden Evakuierungsaktionen aus dem Ruhrgebiet in weniger gefährdete Gebiete gebracht.
Seit Mitte der 30er Jahre wurde versucht, durch breit angelegte Strategien die industrielle Produktivität zu steigern und die Arbeiterschaft für kriegswirtschaftliche Interessen zu mobilisieren. Teil dieser Maßnahmen war der seit 1936 von der DAF jährlich veranstaltete Leistungskampf der deutschen Betriebe untereinander, der die Grundsätze vorbildlicher nationalsozialistischer Betriebsgestaltung verwirklichen sollte. Im ersten Jahr war der Wettkampf eher an sozialen Zielsetzungen ausgerichtet, z.B. Aus- und Fortbildung, Arbeitsschutz, Verpflegung, Personalwohnungen, Sportstätten. In dem Leitfaden der DAF heißt es: *„[..] jede Auszeichnung setzt voraus, dass der Betrieb alle Fragen einer vorbildlichen Leistungsgemeinschaft unter Wahrung des ihm eigenen Gesichtes gelöst haben muß [..] Das Schwergewicht bei der Beurteilung wird dabei auf die tatkräftige Mitarbeit bei der Lösung besonderer Aufgaben und der richtigen, damit zweckvollen Anwendungen sozialer Leistungen gelegt werden."* Später traten Fragen nach dem wirtschaftlichen Einsatz der Arbeitskraft und innerbetrieblicher Rationalisierung in den Vordergrund. Die Gausieger nahmen auf Reichsebene an der weiteren Auslese teil. Die erfolgreichsten erhielten die Auszeichnung als „Nationalsozialistischer Musterbetrieb" und durften die Goldene Fahne der DAF führen, eine Hakenkreuzfahne, deren weißer Kreis von einem goldenen Zahnrad umrahmt war. Diese Propagandaaktion der nationalsozialistischen Sozialpolitik verlor aber im Laufe des Krieges an Bedeutung.
Beurteilt wurden die Betriebe (1938 waren es rd. 84.000) von DAF-Funktionären und so genannten „Treuhändern der Arbeit". Letztere fungierten als soziale Lenkungsorgane, sie legten Tarifordnungen fest, überwachten die Betriebsordnungen, wirkten bei der Bildung der innerbetrieblichen Vertrauensräte mit, kontrollierten Kündigungen und vieles mehr. Die nationalsozialistische Propaganda feierte ihre Einsetzung als entscheidenden Schritt zur „Überwindung des Klassenkampfes" durch „Ausschaltung aller einseitigen Interessen".

Der Kriegsausbruch stellte besondere Anforderungen an die Vestischen Kleinbahnen. Zahlreiche Beschäftigte wurden zur Wehrmacht einberufen. Der Kontakt zu ihnen wurde durch regen Schriftwechsel und regelmäßige Übersendung von Feldpostpäckchen aufrechterhalten. Frauen ersetzten wieder die fehlenden Männer. Besondere Probleme ergaben sich durch die starke Inanspruchnahme der Wagen und die Verdunkelungsvorschriften, die zu Verspätungen führten. Durch betriebliche Änderungen wurde diesem misslichen Zustand entgegen gearbeitet: Zusätzliche Weichen wurden eingebaut, Verkehrsposten aufgestellt und ein „zweiter Fahrplan" eingeführt, der Verlängerungen der

Fahrzeiten und damit eine Herabsetzung der Wagendichte beinhaltete.

Im November 1939 verpflichteten sich die Vestischen Kleinbahnen per Vertrag mit dem Polizeipräsidenten in Recklinghausen als Vertreter des Reichsluftfahrtministers und örtlichem Luftschutzleiter, den „*Keller der Wagenhalle Ecke Ewald-, Herner- und Schützenstraße (Nordostecke) als öffentliche Sammelschutzräume zu dulden*". Zu diesem Zweck waren auf Kosten des Staates verschiedene Umbaumaßnahmen erforderlich, wie der Einbau von Trennwänden, die Schaffung eines Außeneingangs, die Verstärkung der Decke durch Pfeiler, die Abdichtung der Fenster und Türen sowie der Einbau von zwei Notaborten. Gedacht war dieser Raum im Wesentlichen für die Belegschaft, die in der Werkstatt darüber tätig war, denn für sie war der Weg zum Bunker zu weit.

Dieser Bunker befand sich in einer Ecke des Betriebsgeländes, nahe den Gärten der Wohnhäuser an der Sedanstraße. Zuvor hatte es an dieser Stelle einen Schießstand gegeben, an dem sich SA und das Nationalsozialistische Kraftfahrerkorps NSKK, aber auch die Belegschaft, im Kleinkaliberschießen übten. Die Lehrlinge mussten dabei schon mal mithelfen: Scheiben wieder aufhängen, Treffer anzeigen u.ä..

Der Bunker war bei den Lehrlingen nicht besonders beliebt, berichtet der ehemalige Lehrling Karl Gollan. Neugier, Leichtsinn und nicht zuletzt Faulheit ließen sie bei Alarm Verstecke außerhalb des Schutzraums suchen: „*Das war ja immer ein Schauspiel, wenn die Verbände hier durchzogen und die Flak die beschossen hat, die Flugzeuge. [...] Danach sind wir mal ganz neugierig bei Alarm auf den Platz gelaufen – da sind wir beschossen worden von einem Jagdflugzeug.*" Nach einiger Zeit wurde im Bunker die Luft knapp, und „*die Lehrlinge, die mußten dann an dieser Luftorgel für Frischluft sorgen. Und deswegen haben wir uns da ganz gerne gedrückt.*"

Die Lehrlinge mussten vor Arbeitsbeginn erst mal auf den 1935 angelegten Betriebssportplatz: „*Wir hatten ja morgens, wenn wir angefangen sind da in der Kriegszeit erst mal Sport. Viertel vor sieben war antreten – also umgezogen schon in Arbeitszeug. Und dann wurde die Fahne da hochgelassen. Vor Wehmeyer, da war ja praktisch so'n kleiner Sportplatz für die Körperertüchtigung für die Lehrlinge. Das war von viertel vor sieben, glaube ich, bis viertel nach sieben hatten wir dann Sport. Also erst Flaggenparade und dann anschließend Sport. Dann hatte ja keiner eine Uhr beigehabt, und dann haben wir immer, wenn die 7 kam – die kam immer viertel nach und viertel vor – die war dann für uns maßgebend, weil die Vestische ja pünktlich war. Wenn sie mal Verspätung hatte, kam nachher der Meister: 'Guckt mal auf die Uhr!' Aber wir haben ja keine gehabt. Wir haben uns ja immer auf die Linie 7 verlassen.*"

In vormilitärischen Lagern in Haltern wurden die Jugendlichen zusammengezogen „*und dann beeinflusst, dass man sich freiwillig meldet. Da wurde man schon aussortiert, [...] die Freiwilligen, die kriegten eine rote Kordel und die anderen nicht. [...] Und dann wurde man so'n bisschen unter Druck gesetzt vor versammelter Mannschaft, weswegen wir uns nicht freiwillig meldeten. Die meisten haben sich dann noch gemeldet, weil sie auch nicht als Feigling dastehen wollten.*"

Innerhalb der letzten vier Monate des Jahres 1939 erreichte die Zahl der beförderten Personen den Höchststand seit Bestehen des Unternehmens. Auch in den folgenden Jahren stiegen die Fahrgastzahlen. Dadurch waren die Wagen ständig im Einsatz und oft genug überfüllt, was einen erheblichen Aufwand an Instandsetzung nach sich zog. Ebenso stark beansprucht wurden die Güterwagen, vor allem durch Transporte für den Bau von Bunkern. Davon weiß der spätere Werkstattmeister Heinrich Sander zu berichten: „*Ich kann mich gut erinnern, wie auf der Ewaldstraße am Bramhügel die Weichen gelegt wurden. Der Kies wurde vom Hafen in Wanne geholt und dann mit Güterwagen da hingefahren – Autos waren ja kaum da.*" Die schon in den vergangenen finanziell schlechten Jahren nicht möglich gewesene Modernisierung des Betriebes musste aufgrund der Kriegslage weiterhin zurückgestellt werden. Nur das Allernotwendigste konnte getan werden. Mit den Autobussen wurden nur noch Fahrten für kriegswichtige Firmen und Rüstungsbetriebe durchgeführt.

Die Materialknappheit zog bürokratischen Aufwand nach sich – ohne Bezugschein lief kaum etwas. Das zeigt sich auch in einem Brief der Vestischen an das zuständige Amt: „Herr A. K., wohnhaft in Gladbeck, [...] ist auf unserem Betriebsbahnhof in Bottrop als Schaffner und Wagenführer beschäftigt. Bei Früh- und Spätdiensten ist er auf ein Fahrrad angewiesen. Es wird um Ausstellung eines Bezugscheines für einen Fahrradschlauch gebeten. Die Beschaffung eines solchen liegt im dienstlichen Interesse."

Als Lohn für die geleistete Arbeit erhielten Beschäftigte für 40-jährige Dienstzeit im öffentlichen Dienst das goldene und für 25-jährige Dienstzeit das silberne Treudienstehrenzeichen. Zusätzlich „durfte" man zwischen einem Hitlerbild oder Hitlers Buch „Mein Kampf" wählen. Für die notwendige Entspannung und Erholung nach dem anstrengenden Dienst sorgten Veranstaltungen der DAF-Freizeitorganisation „Kraft durch Freude" (KdF), die von der Betriebsleitung unterstützt wurden.

Im Februar 1940 fasste die Gesellschafterversammlung den Beschluss, den Namen des Betriebes in „Vestische Straßenbahnen GmbH" zu ändern, um dadurch Zweck und Aufgabe der Gesellschaft klarer zum Ausdruck zu bringen.

Den Vestischen Straßenbahnen wurde die Auszeichnung „Nationalsozialistischer Musterbetrieb" am 2.5.1942 verliehen. Generaldirektor Queck fuhr mit Begleitung nach Berlin, um dort persönlich im Rahmen einer Zeremonie in einem großen Hotel die Goldene Fahne entgegenzunehmen. Währenddessen gab es einen Großangriff, der die obere Etage des Hotels, in der Queck und seine Begleiter ihre Räume hatten, in Schutt und Asche legte. Unbeschadet konnten sie die Heimreise antreten. Am Pförtnerhaus wurde eine entsprechende Plakette angebracht. Gefeiert wurde dieses Ereignis im Kreise der Aufsichtsratsmitglieder und einiger Parteivertreter im Anschluss an die Aufsichtsratssitzung vom 28. Mai bei einem geselligen Beisammensein in der Loemühle. Auf der Einladung heißt es dazu: *„Für den Imbiss werden wahrscheinlich nur einige Gramm Fettmarken erforderlich sein."*

Wie erlebten die Mitarbeiter den Krieg vor Ort? Der damalige Lehrling Karl Gollan erinnert sich: *„Zwei Blindgänger haben wir ja gehabt. Die nächsten Einschläge – zum Glück sind die ja nicht explodiert. [...] Am Dach, also*

Der Altmarkt in Bottrop in den 40er Jahren.

durch die Dachrinne durchgeschlagen, am Haus entlang gerutscht und im Keller, auf der Kellertreppe liegengeblieben. […] Das war ungefähr eine 10-Zentner-Bombe. Da sind wir noch neugierig hingelaufen, natürlich. Da haben wir die da unten an der Kellertreppe im Gang liegen gesehen. Da haben wir so'n bisschen Gänsehaut gekriegt. […] Eine ist auf dem Vorplatz eingeschlagen. Ein paar Tage konnten wir nicht arbeiten."

ALLIIERTES OBERKOMMANDO
Supreme Headquarters, Allied Expeditionary Force

AN DIE ZIVILBEVÖLKERUNG DES RUHRGEBIETS!

IHR wohnt in dem wichtigsten Kriegsindustriegebiet Deutschlands. Jahrelang haben Eure Hochöfen, Werke und Werkstätten die Waffen für den Eroberungskrieg geschmiedet. Heute aber bewirken diese Betriebe lediglich eine Verzögerung des endgültigen militärischen Zusammenbruchs.

Um eine Verlängerung des bereits verlorenen Krieges zu verhindern, wird daher die gesamte Kriegsindustrie des Ruhrgebiets einem erbarmungslosen Bombardement ausgesetzt werden.

Die Alliierten sind aber entschlossen, nicht das deutsche Volk, sondern nur die deutsche Kriegsmaschine zu vernichten.

Der alliierte Oberbefehlshaber erlässt daher folgende Bekanntmachung:

1. Diese Bekanntmachung betrifft sämtliche Personen, die im Bereich der folgenden Stadtkreise wohnhaft sind: DUISBURG, MÜHLHEIM, OBERHAUSEN, ESSEN, GELSENKIRCHEN, BOTTROP, GLADBECK, RECKLINGHAUSEN, WATTENSCHEID, WANNE-EICKEL, HERNE, CASTROP-RAUXEL, BOCHUM, WITTEN, DORTMUND, LÜNEN, HAGEN.

2. Der Bereich dieser Stadtkreise gilt von nun an als Kampfzone. Alle Einwohner der obengenannten Stadtkreise werden hiermit aufgefordert, sich und ihre Familien s o f o r t in eine sichere Gegend a u s s e r h a l b d e s R u h r g e b i e t s zu begeben.

3. Es wird ausdrücklich darauf hingewiesen, dass in den obengenannten Gegenden des Ruhrgebiets von nun an weder Bunker noch Unterstände Sicherheit gewähren können.

4. Einwohner des Ruhrgebiets! Euer Leben hängt von der sofortigen Ausführung der obigen Anweisungen ab. Handelt sofort! Heraus aus der Ruhr! Heraus aus dem Krieg!

Dwight D. Eisenhower

DWIGHT D. EISENHOWER
General,
Oberbefehlshaber der Alliierten Streitkräfte

S.H.A.E.F. März 1945

DEUTSCHE ARBEITER! Gebt diese Bekanntmachung des alliierten Oberbefehlshabers sofort an Eure ausländischen Arbeitskollegen weiter!

WG 47

Mit diesem Flugblatt forderte General Dwight D. Eisenhower, Oberbefehlshaber der Alliierten Streitkräfte, die Zivilbevölkerung des Ruhrgebietes auf, ihre Heimat zu verlassen, um dadurch dem Bombardement der Fabriken zu entgehen. Auf der Rückseite stand derselbe Text auf französisch, polnisch, tschechisch und italienisch.
(Sammlung Heinrich Sander)

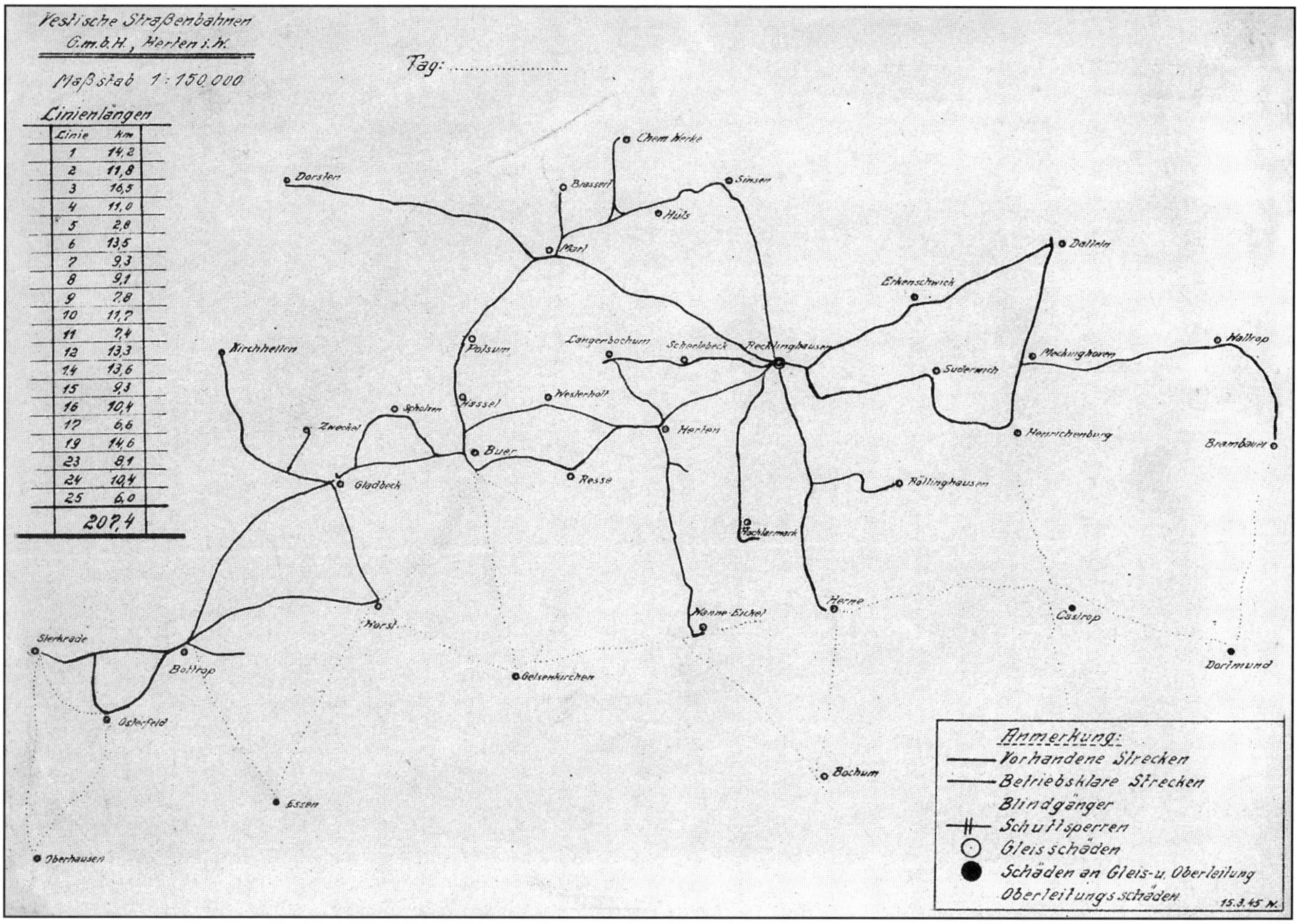

So sah das 207,4 km lange Straßenbahnnetz der Vestischen kurz vor Betriebseinstellung im März 1945 aus. Zur Verzeichnung der in der Legende rechts unten angegebenen kriegsbedingten Störungen im Gleisnetz (Blindgänger, Schuttsperren, Gleis- und Oberleitungsschäden) ist es offenbar nicht mehr gekommen.

Wesentlich stärker betroffen waren die Anlagen der chemischen Industrie in Scholven. *„Da haben wir die Scholven-Strecke mal bis abends 10 Uhr fertiggemacht wieder, und die Nacht drauf haben sie die kurz und klein gehauen. Da standen am andern Morgen die Schienen senkrecht in die Luft.“*

Am 1.5.1944 erhielten die Vestischen Straßenbahnen die Auszeichnung „NS-Kriegs-Musterbetrieb“. In den Richtlinien über die Verleihung dieser Auszeichnung heißt es: *„Die Auszeichnung ‘Kriegs-Musterbetrieb’ kann folgerichtig nur der Betrieb erhalten, […] dessen Produktion vom Standpunkt der Kriegsführung eine Bedeutung zukommt. […] Der wahre NS-Musterbetrieb sei schließlich nicht der, der allein auf sozialem Gebiet Vorbildliches leiste, sondern der, der in seiner sozialen Haltung und in seiner Produktionsleistung als Spitzenbetrieb anzusprechen sei.“*

Anfang Januar 1945 wurden die Bedingungen für die Aufrechterhaltung des Betriebes durch die Wetterverhältnisse erschwert. Schneemassen setzten den ohnehin stark beanspruchten Wagen zusätzlich zu. Verstärkte Luftangriffe legten einzelne Streckenteile lahm. Die zunehmenden Luftangriffe bei Tag und Nacht verhinderten häufig die notwendige Instandsetzung der Wagen und Strecken. Anfang März konnten deshalb nur noch 55 Trieb- und 50 Beiwagen eingesetzt werden.

Unter den Kollegen waren insgesamt 34 Opfer zu beklagen, die im Kriegseinsatz fielen; an der Heimatfront ließen bei Luftangriffen und Artilleriebeschuss 19 Mitarbeiter ihr Leben, darunter sieben Schaffnerinnen. Im Geschäftsbericht von 1943 wird ihrer gedacht: „Wir gedenken in Ehrfurcht der Arbeitskameraden, die im Kampf um Deutschlands Größe und Freiheit ihr Leben hingaben.“

Ein Land in Trümmern – nicht irgendwo fernab, sondern direkt vor der Haustür. Wie hier in Gladbeck in unmittelbarer Nähe des Rathauses sah es an vielen Stellen des Einzugsgebietes der Vestischen aus.

Noch Ende Februar 1945 mieteten die Vestischen Straßenbahnen von der Stadt Herten *„für die Dauer des Krieges“* eine komplette Schweißanlage aus den Werkstätten einer Berufsschule *„zur Ausführung von Rüstungsarbeiten“* an.

Kurz vor Kriegsende fielen Brandbomben auf das Betriebsgelände. Eine einzige entzündete sich – sie war in der Schreinerei im Spänekasten gelandet. Hilfeleistung beim Löschen war selbstverständlich für die Mitarbeiter, auch für Lehrling Karl Gollan: *„Dieser Spänekasten hat dann die Nacht gebrannt, und den haben wir dann mit vereinten Kräften gelöscht. Ich hab da oben in Herten gewohnt, und da hieß es bloß auf einmal: Vestische brennt! Bin ich da runtergelaufen, muss ja den Betrieb retten. Dann haben wir uns da mit etlichen getroffen, [...] Feuerwehr war ja nicht so, – wenn nachts was los war, dann war überall Brand. Mit Eigenhilfe haben wir da ein bisschen gelöscht. Dann gab's noch hinterher zur Belohnung ein paar Zigaretten. Auf jeden Fall haben wir mit Eigenhilfe das Feuer gelöscht, in Grenzen gehalten. Dann haben wir noch oben auf den Dächern die Brandbomben abgesucht, [...] Das waren diese Stabbrandbomben mit dieser Kautschukmasse und diesen Magnesiumstäben. Wenn die sich entzündeten, brannte hauptsächlich das Magnesium. Dann haben wir die noch stückweise verbrannt im Schmiedefeuer. Das war immer wie Lametta, wie Weihnachtskerzen. Stück abgeschnitten und dann verbrannt.“*

Omnibusse wurden seit Anfang 1945 ausschließlich im Berufsverkehr eingesetzt, zu den Chemischen Werken Hüls, dem Hydrierwerk Scholven, der Ewald-König Ludwig AG und der Zeche Auguste Victoria. Ende März kam der Verkehr vollständig zum Erliegen, fast alle fahrbereiten Omnibusse mussten der Wehrmacht zur Verfügung gestellt werden und gingen in den Wirren der letzten Kriegstage verloren.

Am 23.4.1945 konnten die Wagen des Betriebshofes Bottrop wegen Artilleriebeschuss nicht mehr ausfahren; drei Tage später war auf den anderen Betriebshöfen ebenfalls Schluss. Materielle Verluste der Vestischen: vier Trieb-, vier Beiwagen und zwölf Busse. Die wegen der Gleiszerstörungen auf den Strecken liegengebliebenen Wagen konnten erst nach Monaten geborgen werden, da zunächst keine Bergungsfahrzeuge zur Verfügung standen.

Im Juni 1944 leitete die Invasion der Alliierten in Nordfrankreich die letzte Phase des Zweiten Weltkrieges ein. Am 24.3.1945 überquerten die Alliierten den Rhein bei Wesel. Eine Woche später schlossen sie das Ruhrgebiet ein (Ruhrkessel). Als letzte Ruhrgebietsstadt wurde Dortmund Mitte April besetzt. Am 8.5.1945 beendeten der totale Zusammenbruch und die bedingungslose Kapitulation der deutschen Wehrmacht den grauenvollen Krieg. Die schreckliche Bilanz: ca. 55 Millionen Tote.

Fremde unter uns

Nach dem Beginn des Zweiten Weltkrieges herrschte ein großer Mangel an Arbeitskräften, dem nur durch die Beschäftigung von Frauen und dem Import von Arbeitskräften abzuhelfen war. Die Verluste der Wehrmacht im Laufe des Krieges und der zunehmende Bedarf an Soldaten verringerten die Zahl der deutschen Beschäftigten immer weiter. Schon Ende 1941 wurde klar, dass weder der freiwillige Einsatz von Fremdarbeitern (aus den von Deutschland besetzten Gebieten kommende Zivilarbeiter) noch die Verwendung von Kriegsgefangenen genügend Ersatz für die Einberufenen bot, die inzwischen auch aus Rüstungsbetrieben abgezogen wurden.

Am 21.3.1942 ernannte Hitler den Gauleiter von Thüringen Fritz Sauckel zum Generalbevollmächtigten für den Arbeitseinsatz. Da sich im Zuge der Veränderung der militärischen Situation zuungunsten Deutschlands immer weniger ausländische Arbeitskräfte freiwillig zur Arbeit in Deutschland bereit fanden, wurde auf Zwangsmaßnahmen zurückgegriffen. Im März 1944 erklärte Sauckel, dass von den insgesamt über 5 Millionen Ausländern nur etwa 200.000 freiwillig ins Deutsche Reich gekommen seien.

Sauckels Ziel war es, die „Menschenreserven" der eroberten sowjetischen Gebiete, wenn nötig auch gegen ihren Willen, nach Deutschland zu bringen und bei minimalem Einsatz an Unterbringung und Verpflegung die größtmöglichen Leistungen aus ihnen herauszuholen. Unterstützt von Einheiten der Sicherheitspolizei und der SS führten Einsatzkommandos der Arbeitsämter Fahndungsstreifen durch, bei denen sie die Menschen zusammentrieben und zum Arbeitseinsatz nach Deutschland verschleppten. In zwei Jahren wurden auf diese Weise 2,5 Millionen Zivilisten aus Russland als Zwangsarbeiter ins Deutsche Reich deportiert. Sie wurden bestimmten Betrieben zugeführt, in denen sie arbeiten mussten. Die sowjetischen Zivilarbeiter trugen zur Kennzeichnung als „Ostarbeiter" das Wort „OST" auf ihrer Kleidung. Von ihrem Verdienst mussten sie ihre Unterkunft und die ihnen zugeteilte Verpflegung bezahlen. Übrig blieb nach Abzug einer so genannten „Ostarbeiterabgabe" nur ein geringfügiger Barlohn. Rechtlich unterlagen die Zwangsarbeiter aus dem Osten von Beginn ihres Einsatzes an dem unmittelbaren Zugriff der Sicherheitspolizei.

Untergebracht waren die ausländischen Arbeitskräfte in vorhandenen Gebäuden, in Sälen von Gastwirtschaften oder in eigens auf freiem Gelände, nahe den Betrieben aufgestellten Baracken. Insgesamt gab es im Deutschen Reich ca. 20.000 Ausländerlager, in denen es eine klare nationale Hierarchie der einzelnen Ausländergruppen gab. Die Lager für die Kriegsgefangenen und die Ostarbeiter waren umzäunt; Angehörige der Wehrmacht, des Werksschutzes oder nicht mehr kriegstaugliche Männer bildeten das Wachpersonal. Durch die Vielzahl und die flächendeckende Streuung der Lager und Wohnheime über das gesamte Ruhrgebiet wurden die Ausländer nebenan zu einem Teil des Kriegsalltags – sie waren einfach da, gehörten zum Stadtbild. Innerhalb der behördlichen Anordnungen blieb den einzelnen Betrieben genügend Ermessensspielraum bezüglich der Behandlung und Ernährung der ausländischen Arbeitskräfte. Das Verhältnis zu ihnen war unterschiedlich je nach Ausländergruppe, Kriegsverlauf und Stellung im Arbeitsprozess. Je länger der Krieg dauerte, umso gleichgültiger wurden die Einheimischen den Fremden gegenüber – man hatte genug mit sich selbst zu tun.

Im Sommer 1944 gab es im Deutschen Reich 7,8 Millionen ausländische Arbeitskräfte (davon 5,7 Millionen Zivilarbeiter). Darunter waren 2,8 Millionen Russen, von denen mehr als die Hälfte Frauen waren. Insgesamt waren 26,5% aller Beschäftigten Ausländer. 46% von ihnen arbeiteten in der Landwirtschaft und knapp 40% in der Industrie.

Nach Kriegsende kehrten die meisten sowjetischen Arbeitskräfte wieder zurück in ihre Heimat. Dort war das Lagerleben, das für die meisten im Deutschen Reich ein Martyrium gewesen war (und von vielen Tausend nicht überlebt wurde) für sie noch nicht zu Ende: Sie standen ausnahmslos unter dem Verdacht der Kollaboration mit dem Feind und wurden zunächst in Zwangslager eingewiesen, in denen sie überprüft wurden. Das dauerte unterschiedlich lange – manche wurden erst 1956 entlassen.

§1: „'Ostarbeiter' sind alle Arbeitskräfte, die am 22.6.1941 im ehemals sowjetischen Gebiet [...] ansässig waren und seither im Reich als Arbeiter eingesetzt wurden oder werden. [...]"
§5: „Die Ostarbeiter dürfen die Gemeinde ihres Arbeitsortes nur verlassen, soweit es ihr Arbeitseinsatz bedingt."
§8: „Der Besuch von Veranstaltungen kultureller, kirchlicher, unterhaltender und geselliger Art, die für Deutsche oder andere ausländische Arbeiter vorgesehen sind, ist den Ostarbeitern verboten, soweit diese Veranstaltungen nicht von der Deutschen Arbeitsfront oder dem Reichsnährstand im Rahmen der Ausländerbetreuung durchgeführt werden."
§9: „Der Besuch von Gaststätten ist den Ostarbeitern untersagt; ausgenommen sind die Gaststätten, die von der Ortspolizeibehörde für den Besuch von Ostarbeitern ganz oder teilweise freigegeben sind. Deutschen Volksgenossen ist der Besuch der für Ostarbeiter zur Verfügung stehenden Gaststätten während der für diese festgesetzten Besuchszeiten untersagt."
§10: „Diese Strafandrohung gilt auch [...] auf Personen, die durch ihr Handeln, Dulden oder Unterlassen Ostarbeitern einen Verstoß gegen die Vorschriften dieser Polizeiverordnung ermöglichen."

Auch bei den Vestischen Straßenbahnen wurden ausländische Arbeiter eingesetzt, da der Betrieb als „kriegswichtig" eingestuft war. Wie viele es waren und woher sie kamen, vermag heute niemand mehr genau zu sagen. Verlässliche Dokumente, die eine Aussage hierzu machen könnten, gibt es nicht. Ob es solche Unterlagen nie gab oder ob sie – absichtlich oder versehentlich – nach Kriegsende vernichtet worden sind, wissen wir nicht. Die Suche nach der Wahrheit aus dieser dunklen Zeit gestaltete sich schwierig.

Das einzige Dokument, das Angaben über die Menschen macht, die nicht freiwillig bei uns gearbeitet haben, ist die Abschrift eines Briefes der Vestischen Straßenbahnen GmbH an den Stadtdirektor von Herten. Geschrieben wurde er vom damaligen leitenden Geschäftsführer Hildebrand Quehl am 10. Oktober 1947. Offenbar ist er die Antwort auf einen Fragebogen bezüglich der „Fremdarbeiter", wie die Menschen beschönigend genannt wurden, die gegen ihren Willen verschleppt und zur Arbeit in Deutschland gezwungen worden waren. In diesem Schreiben versichert Quehl, dass die Fremdarbeiter vom Betrieb genauso verpflegt und eingekleidet wurden wie die eigene Belegschaft. Auch schreibt er: *„Die Fremdarbeiter waren im grossen und ganzen nicht behindert, soweit es sich um die Benutzung von Verkehrsmitteln, Besuch von Gottesdiensten, Unterhaltungs- und Gaststätten handelt. [...] Fälle von Mißhandlungen oder von zu harter Behandlung sind nicht bekannt geworden. Es kann wohl gesagt werden, dass die Fremdarbeiter sich den Verhältnissen entsprechend wohl gefühlt haben."*

Wir können heute – mehr als 50 Jahre später – nicht beurteilen, ob die Angaben in diesem Brief der Wahrheit entsprechen. Wir können es nur hoffen.

Ehemalige Betriebsangehörige, die Zeugen dieser Zeit waren, bestätigen aber mit ihren Erinnerungen, dass die Ostarbeiter und Kriegsgefangenen, die bei der Vestischen gearbeitet haben, tatsächlich so gut wie möglich behandelt worden sind. Viele waren es ohnehin nicht, dazu gab es bei einem Verkehrsbetrieb zu wenig Möglichkeiten, Zwangsarbeiter einzusetzen. Auf den Wagen, als Fahrer oder Schaffner, hätten sie zu leicht fliehen können, und für die meisten Arbeiten im Werkstattbereich war eine spezielle Ausbildung nötig. Nur die wenigen einfachen Tätigkeiten konnten von den ausländischen Kräften ausgeführt werden. Karl Gollan erinnert sich an einen der fremden Arbeiter: *„Wir hatten ja selbst nicht allzu viel, aber der kriegte schon mal ein Butterbrot und so. Das war so'n bisschen kollegial. Wir waren ja auch noch jüngere Leute. Die haben das ja ganz anders gesehen zu der Zeit. Da war kein Hass da oder so was, ein Feindbild war da eigentlich nicht."*

Das Schicksal wollte es dennoch, dass einer der Zwangsarbeiter bei uns den Tod fand. Manfred Krafczyk, damals 14 Jahre alt, erinnert sich an den Selbstmord: *„Nur eben ein tragischer Fall, der innerhalb des Betriebsgeländes vorgekommen ist, [...] Aber soviel wie ich weiß, müssen das Streitigkeiten untereinander gewesen sein, unter den eigenen Leuten. Muss er sich wohl so zu Herzen genommen haben. Ich weiß wohl, er hat das Schmiedefeuer frühmorgens – um 6 Uhr war Arbeitsbeginn –, um halb sechs hat er das Feuer schon angemacht. Und dann nachher so um kurz nach 6 auf einmal: 'Wo ist denn...?' – so hörte ich das dann. Und dann hat man gesucht, große Aufregung, der ist nicht da. Dann wurde gesucht, und dann hat man ihn in einem Schuppen gefunden, in einem Holzschuppen, wo Baumaterial gelagert war. Ich weiß noch, Formsand war darin gelagert. Es war ja eine Gießerei in der Schmiede, wo verschiedene Lager selber hergestellt wurden. Dazu mussten die Formen mit einem bestimmten Sand gestampft werden. In diesem Schuppen hat er Selbstmord begangen. Ich weiß nicht mehr, wann das war. Ob das 1943 war oder schon Anfang 1944."*

Auch Karl Gollan hat dieses Erlebnis nicht vergessen: *„Einer hat sich ja sogar aufgehängt, einer von den Kriegsgefangenen. Die hatten ja in der Ecke so ein kleines Häuschen, wo dieser Bremssand immer getrocknet wurde. [...] Der Schmiedemeister, der war Pfeifenraucher, und der Kriegsgefangene wohl auch. Hat er dem Tabak stibitzt, und da hat der so'n bisschen Aufstand gemacht. Das hatten wir eigentlich auch nicht so für gut befunden. Auf jeden Fall haben ihm da die Kollegen noch zugesetzt, dass er da gestohlen hatte. Das war wohl nicht so – die waren ja auch so'n bisschen ehrgeizig – als Mensch, ist ja klar. Und dann hat der sich das wohl so zu Herzen genommen, dass er sich aufgehängt hat. Am andern Morgen haben wir ihn da gefunden, da hing er da in dem Sandstrahler. [...] War eigentlich auch nicht nötig. Hat auch keiner mit gerechnet, dass er so endet. Die hatten sich da irgendwie gekränkt gefühlt oder was."*

Arkadij Kojaev

Unter den Zwangsarbeitern gab es auch zwei Ingenieure. Der eine war in der Dreherei beschäftigt – mehr weiß niemand mehr. Über den zweiten Ingenieur ist jedoch dank der Forschungsarbeit des Geschichtskreises Zeche Ewald einiges bekannt. Das war der Bergbau-Elektro-Ingenieur Arkadij Kojaev (Koschajew), geboren am 10.8.1914 in der Ukraine, der im Juni 1941 die Hochschule in Donezk (Ukraine) absolviert hatte.

Kojaev arbeitete als Techniker im Bergbau, als er bei einer der vielen Razzien im Dezember 1941 während eines Spaziergangs verschleppt wurde: *„Ich laufe auf Straße. Soldaten gehen herum und gucken: wer ist jung? Nehmen*

Arkadij Kojaev 1942

mich mit zum Bahnhof, in Güterwaggon. Alles zu, übervoll. Mit Zug nach Deutschland. Waggon kam nach Herten.“ Er hatte keine Zeit, seine Angehörigen zu benachrichtigen. Es ging unverzüglich ab Richtung Deutschland. Endstation war das Barackenlager „Hohewardstraße“ in Herten, wo ca. 600 Ostarbeiter untergebracht waren. Sie hielten sich durch Tausch am Leben: Eine Uhr für eine Portion Suppe, ein Mantel, geklaute Kartoffeln – alles wurde eingesetzt, um es ein wenig besser zu haben.

Vom Lager führte ab 2.3.1942 sein täglicher Weg zu seinem Arbeitsplatz als Schlepper und Kohlenlader auf der Zeche Ewald. Auf dem Weg durften die Lagerinsassen nicht gesehen werden. Niemand durfte mit ihnen sprechen. Ohne Bewachung gingen sie keinen Schritt. *„Polizei, Ewald ja. Morgens 6 Uhr, alle nach draußen. Polizei zählt durch, Kommando los, zur Zeche. Bei Fehlen suchen Hunde. Zweistöckige Betten für 30 Leute in einem Raum. Ich konnte nicht aufstehen. Da kam Hund, fand mich und bellte. Ich ganz schnell raus, dann alle los.*“ Es gab oft Tote im Lager. Die Insassen, auch Kojaev, mussten dann Gräber schaufeln. Er erinnerte sich an eins für 30 und ein anderes für 132 Tote.

Auf der Zeche wurden die ausländischen Arbeiter von den deutschen Aufsehern sehr schlecht behandelt. Es gab Vorgaben für die zu fördernde Kohlemenge. Wurde sie nicht erreicht, gab es Prügel. An einen Mann erinnerte Kojaev sich, der von einem Aufseher so schwer geschlagen worden war, dass er seinen Verletzungen erlag. Auch die Verpflegung ließ mehr als zu wünschen übrig. Doch gab es von den Bergleuten schon mal heimlich ein Stück Brot.

Aufgrund einer Erkrankung war Kojaev auf der Zeche nicht mehr einsetzbar und wurde am 20.7.1942 entlassen. Fünf Tage später begann sein Einsatz bei den Vestischen Straßenbahnen. Dort ging es ihm wesentlich besser: die Kollegen behandelten ihn gut; das Essen war um ein Vielfaches besser. *„Von Ewald kamen zwölf Leute zu Vestische Straßenbahn, aber sie haben nicht alle so lange da gearbeitet. Passte nicht der Beruf für Arbeit bei Vestische. So können bleiben zwei Mann. Der andere Mann nicht so gut arbeiten, auch weg. Aber ich schon Elektroingenieur, ich gut arbeiten. Ich allein geblieben. Die Arbeit war sehr gut. Besonders Meister Ritter. Und Manfred Krafczyk.*“ Gearbeitet hat er in der Ankerwickelei. *„Motor läuft und geht kaputt. Neu wickeln und altes abreißen. Alles saubermachen, neu wickeln, festmachen, Hochspannung prüfen. Einbauen in Straßenbahn.*“

Leider gibt es kein Foto der Ankerwickelei aus der Zeit, als Kojaev hier gearbeitet hat. Doch diese Aufnahme von Juni 1949 vermittelt immerhin einen Eindruck von seinem Arbeitsplatz. Zu sehen sind Günter Höner, Zowodny, Franz Schulte, Josef Elias, Udo Walter, Rudi Joneleit, Manfred Krafczyk und Fritz Mentrup.
(Sammlung Manfred Krafczyk)

In Erinnerung an diese Zeit schrieb Kojaev im Oktober 1990 an die Betriebsleitung: „Darauf 1944 Firma Vestische Straßenbahnen eine Bestellung kriegte voll automatisierte Bewegung Anlage fertigmachen auf große Anhänger. [...] Ich sollte diese Anlage montieren unter den Führung Herr Meister Peter Ritter und elektrische Schemen. Es war immer gut, aber einmal eine Anlage bei Prüfung kommte nich zum Arbeit. Herr Meister sagte ‘Arkadi hast Fehler gemacht.’ Ich antwortete, nein ich machte alles riechtig.’ ‘Dann such wo ist Fehler.’ Ich schwietzte fiel mal, aber gefunden habe. Kam Herr Meister, drückte Knopf ‘auf’ – alles in Ordnung. Dabei sagte ‘Arkadi nach Krieg bleib sich bei uns. Wir bauen ganz neuen große Firma.’ Diese Wörter ich horte von General Direktor Herr Leo (Name vergessen), aber Herz zieht zum Heimat.“

Kojaev war ein stiller Mann und erfreute sich der Beliebtheit bei den deutschen Kollegen. Auf seine Anfrage hin durfte ihm Meister Krafczyk einen Bauwagen zur Verfügung stel-

Diese Bescheinigung des Arbeitgebers musste Kojaev zur Genehmigung seiner Eheschließung vorlegen.

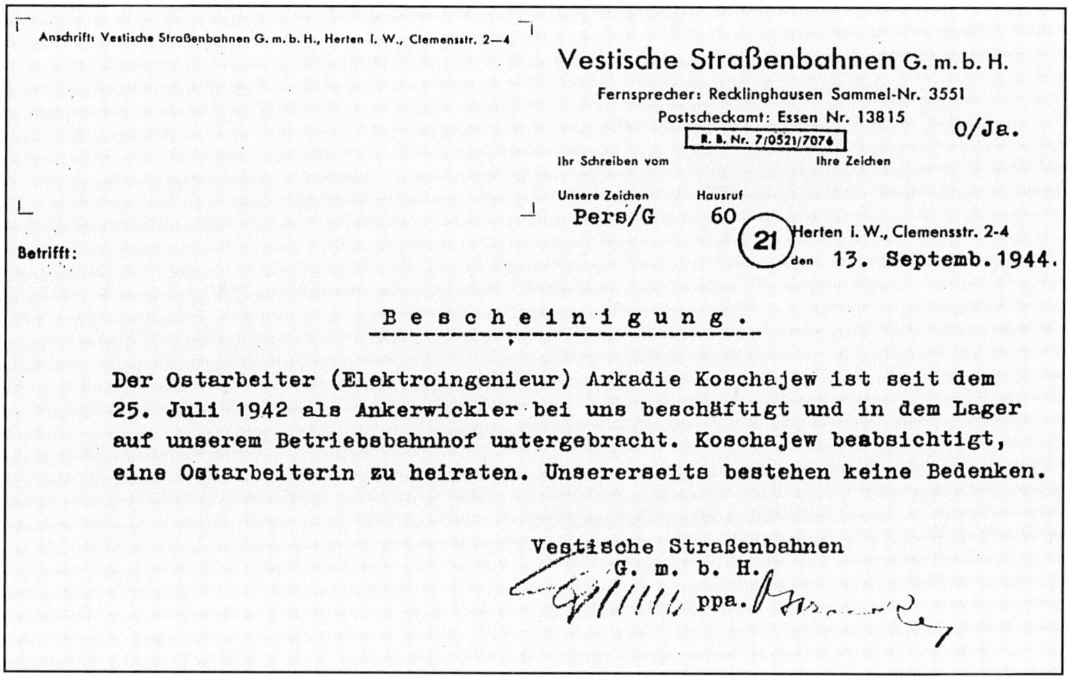

Anschrift: Vestische Straßenbahnen G. m. b. H., Herten i. W., Clemensstr. 2—4

Vestische Straßenbahnen G. m. b. H.
Fernsprecher: Recklinghausen Sammel-Nr. 3551
Postscheckamt: Essen Nr. 13815
R. B. Nr. 7/0521/7076

O/Ja.

Ihr Schreiben vom — Ihre Zeichen

Unsere Zeichen: Pers/G — Hausruf: 60

Betrifft:

Herten i. W., Clemensstr. 2-4
den 13. Septemb. 1944.

B e s c h e i n i g u n g .

Der Ostarbeiter (Elektroingenieur) Arkadie Koschajew ist seit dem 25. Juli 1942 als Ankerwickler bei uns beschäftigt und in dem Lager auf unserem Betriebsbahnhof untergebracht. Koschajew beabsichtigt, eine Ostarbeiterin zu heiraten. Unsererseits bestehen keine Bedenken.

Vestische Straßenbahnen
G. m. b. H.
ppa.

len, in dem er sich häuslich niederlassen konnte. In jeder freien Minute lief er mit einem Wörterbuch in der Hand herum und bemühte sich – erfolgreich –, deutsch zu lernen. *„Deutsch – ich habe gelernt bei Vestische Straßenbahn. Sehr glücklich. Meine Kollegen zu mir sehr gute Leute waren. Sie waren auch älter, aber ich war jünger. Wenn ich Sprache nicht ganz klar auf deutsch sagte, sie sagen, du sprichst nicht genau, nicht klar, nicht ganz schön. Ich: Sagen Sie es bitte richtig. Dann habe ich wiederholt, bis gut war.“* Auch im Kino an der Ewaldstraße ist er gewesen.

Der Polizeipräsident in Bochum.
Polizeiamt Herne
18. Polizeirevier -Z.-

Wanne-Eickel, den 18. 9. 1944

Bescheinigung.

Der Maria Koschajew geb. Schilowa geb. 29.4.1920 zu Taganrog/UdSSR. hier, Hibernia - str. 19 wohnhaft, wird zum Zwecke der Vorlage beim Arbeitsamt H e r n e bescheinigt, daß sie lt. Heiratsregisterbescheinigung des Gemeinschaftslagers Wanne-Eickel, Hiberniastr. 19 (Oberlagerführer Hanke) am 17.9.1944 mit dem Arkadi Koschajew, geb. 20.8.1914 zu Jusowka/UdSSR., wohnhaft Herten, Clemensstr. 2-4, im genannten Lager "Hiberniastr. 19" die Ehe eingegangen ist.

Im Auftrage:
Meister d. SchP.

Verwaltungsgebühr enfrei RM

Maria Schilowa, die ebenfalls aus der Ukraine stammte (* 29.4.1920 in Taganrog), war als Metallarbeiterin in Deutschland. Sie lebte im Lager „Hiberniastraße 19“ in Wanne-Eickel. Wie lernten sie sich kennen? *„Im Lager Ewald ich habe von Frauenlager gehört. Dort Fräulein Ingenieur. Habe Fahrrad gehabt. Ich mit diesem Fahrrad nach Wanne-Eickel, Hiberniastraße. Ich dort gesagt: Ich will Freundin sehen mit Namen Maria. Sie haben geguckt und gesucht. Da kam diese Maria zu mir. Ich guckte – schönes Fräulein. Sie guckte und meinte – ich schöne Junge. Liebe auf erstes Sehen. Gegenseitig besucht. Eines Tages sagt sie: Befehl, dass alle Frauen gehen zum Umgraben. Amerikaner in Frankreich. Wenn du mich nicht heiratest, muss ich zum Graben weg. Ich erzähle das Kollegen. Die erzählen das Leitung der Vestischen.“* Von dort bekam er die Erlaubnis zur Eheschließung, und wenige Tage später, am 17.9.1944, wurde Maria seine Frau.

Nach der Trauung wurden sie bei ihrer Ankunft auf dem Gelände der Vestischen Straßenbahnen von den Arbeitskollegen mit Blumen begrüßt. Der frischgebackenen Frau Kojaev wurde es gestattet, mit ihrem Mann in dem Bauwagen zu leben. Sie erhielten darüber hinaus Lebensmittelkarten, die es ihnen ermöglichten, im Lebensmittelgeschäft Christ einzukaufen. Nach der Besetzung Hertens durch die Alliierten bezog das Ehepaar eine Wohnung in der Ewaldstraße 140, direkt am Betriebshof gegenüber der Gaststätte Brauckmann. Meister Ritter, den er sehr schätzte, bat ihn zu bleiben. „*Aber mein Herz, meine Seele wollte nach Heimat.*“

Im Juli 1945 verließen Kojaev und seine Frau Herten. Erst im Herbst sahen sie sich in Taganrog wieder, wo sie auf ihn wartete. Er wurde zunächst durch drei Lager geschleust: Im ersten musste er Verhöre der Engländer überstehen; in den beiden anderen wurde er vom sowjetischen Geheimdienst überprüft. Der Verschickung nach Sibirien ist er dadurch entgangen, dass er noch seinen Ausweis vorzeigen konnte. „*Ich galt als Verräter, welcher gegen seine Land in Deutschland mitgearbeitet.*“

Seine Mutter hat er nie wiedergesehen. Sie starb während seines Zwangsaufenthaltes in Deutschland. Der Vater war nach zehn Jahren Haft zum Invaliden geworden. Kojaev durfte nicht ins Ausland reisen und stand ständig unter Beobachtung.

Mit etlichen anderen wurde er ins Donez-Gebiet gebracht. Dort arbeitete er von 1946-1952 am Wiederaufbau eines Hochdruckkessels in der Nähe von Taganrog. Anschließend wurde er nach Moskau versetzt. 1988 hörte Kojaev auf zu arbeiten.

Im Mai 1990 wandte sich Kojaev an die Geschäftsführung der Vestischen Straßenbahnen mit der Bitte, ihm Geld zu schicken, damit er sich dringend benötigte Medikamente gegen seine Angina pectoris kaufen könne. Dieser Bitte wurde gern entsprochen. Doch leider kamen von den 2.000,- DM nur umgerechnet 10,- DM bei ihm an – der Rest ging auf dem langen Weg von Herten nach Moskau verloren.

Am 3.10.1994 war Kojaev auf Einladung des Geschichtskreises Ewald, der sich um die Aufarbeitung der Geschichte der Zeche Ewald bemüht, drei Wochen zu Gast in Herten. Er absolvierte ein reichhaltiges Programm: Empfang beim Bürgermeister, Besichtigung der Opel-Werke in Bochum, Dom in Köln, Rheinfahrt, Westenhellweg in Dortmund und vieles mehr – immer begleitet von Mitgliedern des Geschichtskreises und an den ersten drei Tagen von einem Kamerateam des WDR, dessen 15-minütiger Zusammenschnitt am 7.11.1994 gesendet wurde. Zwischendurch war er beim Zahnarzt: „*1942 war ich bei Ihrem Vater. Da hat er mir einen Zahn gezogen. Und jetzt komme ich und möchte von Ihnen den Zahn wiederhaben.*“ Der Arzt ließ sich erweichen und schenkte ihm die Behandlung; die Laborkosten übernahm die Vestische.

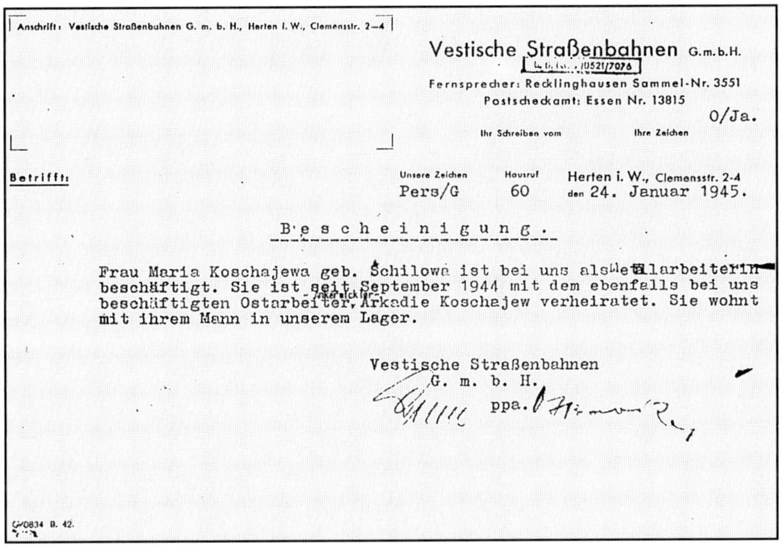

Anschrift: Vestische Straßenbahnen G. m. b. H., Herten i. W., Clemensstr. 2–4

Vestische Straßenbahnen G.m.b.H.

Fernsprecher: Recklinghausen Sammel-Nr. 3551

Postscheckamt: Essen Nr. 13815

O/Ja.

Ihr Schreiben vom | Ihre Zeichen

Betrifft:

Unsere Zeichen Pers/G | Hausruf 60 | Herten i. W., Clemensstr. 2-4 den 24. Januar 1945.

B e s c h e i n i g u n g .

Frau Maria Koschajewa geb. Schilowa ist bei uns als Metallarbeiterin beschäftigt. Sie ist seit September 1944 mit dem ebenfalls bei uns beschäftigten Ostarbeiter, Arkadie Koschajew verheiratet. Sie wohnt mit ihrem Mann in unserem Lager.

Vestische Straßenbahnen
G. m. b. H.
ppa.

Er besuchte selbstverständlich auch seine ehemaligen Arbeitsstätten, das heißt das, was daraus geworden ist. Vieles konnte er nicht wiedererkennen. Auf der Zeche hat längst modernste Technik Einzug gehalten, für die er sich schon von Berufs wegen stark interessierte. Das ehemalige Gelände der Vestischen Straßenbahnen präsentiert sich heute als modernes Wohngebiet mit Geschäften. Das 1982 bezogene neue Betriebsgelände wurde von ihm eingehend besichtigt. Von der Arbeit auf der Zeche sprach er nicht so gern: harte Arbeit, wenig Verpflegung, schlechte Behandlung durch die deutschen Aufseher. Die Arbeit bei den Vestischen Straßenbahnen gefiel ihm besser. Und er muss wirklich gute Deutschlehrer gehabt haben, denn nach all den Jahren, in denen er die deutsche Sprache in der Sowjetunion nicht sprechen durfte, konnte er sich immer noch sehr gut verständigen. Besonders gern erinnerte er sich an Meister Krafczyk, an dessen Grab er Blumen niederlegte, und an Meister Peter Ritter. Ein Dreivierteljahr nach seiner Reise in die Vergangenheit starb Arkadij Kojaev am 16.6.1995 an Herzversagen.

Der Weg aus den Trümmern

Zum Zeitpunkt der Kapitulation war Deutschland ein Land der zerstörten Städte mit Millionen von Flüchtlingen aus den verlorenen Ostgebieten. Die Alliierten teilten das Land in Besatzungszonen und übernahmen die Regierungsgewalt. Auf der Konferenz von Potsdam legten sie ihre Ziele fest: Neugestaltung des politischen Lebens auf demokratischer Grundlage, Dezentralisierung der Wirtschaftsverwaltungen, Zerschlagung der Großkonzerne, systematische Entnazifizierung. Die britischen Dienststellen kontrollierten den Neubeginn der deutschen Wirtschaft. Jeder Betrieb musste ein so genanntes „Permit to Re-open" von den zuständigen lokalen Militärdienststellen erhalten, wenn er die Produktion wiederaufnehmen wollte. Schwierigkeiten entstanden durch die mangelnde Zuteilung von Kohle und Strom. Die „Trümmerfrauen" bewegten unendliche Tonnen Schutt, um aus den Steinwüsten wieder bewohnbare Orte zu machen. Überall herrschten Zerstörung, Chaos und Schmutz. Die Menschen mobilisierten für den Wiederaufbau ihre letzten Kräfte.

Im August 1946 wurde das Land Nordrhein-Westfalen gebildet. Die unterschiedlichen Vorstellungen über das Aussehen des neu zu gestaltenden deutschen Staates führten im Januar 1947 zum wirtschaftlichen Zusammenschluss der britischen und amerikanischen Zone (Bizone), dem sich im Folgejahr Frankreich anschloss (Trizonesien). Der Austritt der Sowjetunion aus dem Alliierten Kontrollrat im März 1948 beendete die Viermächteverwaltung Deutschlands.

Wohnungsnot, Kälte, Hunger und die Angst um Angehörige prägten die Menschen. Wohnraum musste erst geschaffen werden – auch für die „Entwurzelten" (so hießen Vertriebene, Flüchtlinge und Evakuierte im Amtsdeutsch), von denen es in ganz Nordrhein-Westfalen auf 100 Einwohner 13 gab. Im Ruhrgebiet zählten 1946 aufgrund strenger Zuzugsbeschränkungen 3,5% der Bevölkerung zu dieser Kategorie. Der Winter 1946/47 trieb wegen der lang anhaltenden extremen Kälte die Ernährungs- und Wirtschaftskrise auf die Spitze. Der tägliche Kalorienverbrauch eines Erwachsenen hatte 1936 durchschnittlich bei 3.113, im Frühjahr 1945 bei 2.010 gelegen. 1946 wurden in der britischen Zone die Rationen für Normalverbraucher amtlich festgelegt auf 1.050 Kalorien – eine Menge, die oft nicht erreicht werden konnte, weil es die zugesicherten Lebensmittel gar nicht gab. Ein Teil der Not wurde seit 1946 durch die Care-Pakete gelindert, die von einer privaten amerikanischen Organisation nach Europa geschickt wurden. Wegen der insgesamt schlechten Ernährungslage kam es 1947 überall im Ruhrgebiet zu Protesten und Warnstreiks.

Der Prozess der wirtschaftlichen Spaltung Deutschlands wurde am 21.6.1948 mit der Währungsreform abgeschlossen, die den drei westlichen Zonen die Deutsche Mark brachte. Schlagartig waren die Geschäfte mit lang ersehnten Waren gefüllt – die Ladenbesitzer hatten in Erwartung der Währungsreform monatelang gehortet. Ein wahrer Kaufrausch setzte ein.

Karl Gollan erinnert sich an die Zeit kurz vor dem Einmarsch der Alliierten: *„Ich hab das ja auch noch hier erlebt, wie der Zusammenbruch war. Hier war noch am Bahnhof in Herten Militärgut gelagert, Kisten von Schweisfurth mit Schweinefleisch. Die wollten sie dann noch bewachen, wie der Ami hier fast schon in Westerholt war. […] Dann war da Randale nachts, und dann haben sie das dann doch nachher eingesehen, die zwei Mann, die da Posten stehen, und dann haben sie das aufgegeben, und dann haben wir uns da die Nacht bedient am Bahnhof. Das hat sich ja so schnell rumgesprochen, dass da was zu holen war. Und dann haben wir da nachts Kisten geschleppt. So für die erste Zeit waren wir dann versorgt. Kleine Schweinefleischdosen und Jagdwurstdosen. Der ganze Bahnhof, der ehemalige Güterbahnhof, war bis unter die Decken –*

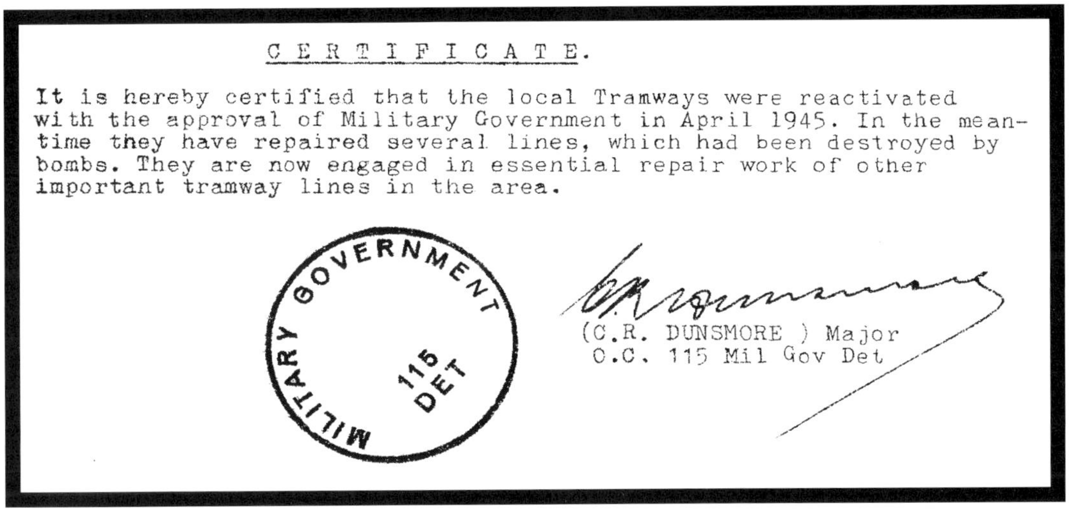

C E R T I F I C A T E.

It is hereby certified that the local Tramways were reactivated with the approval of Military Government in April 1945. In the meantime they have repaired several lines, which had been destroyed by bombs. They are now engaged in essential repair work of other important tramway lines in the area.

MILITARY GOVERNMENT 115 DET

(C.R. DUNSMORE) Major
O.C. 115 Mil Gov Det

Übersetzt heißt das: „Es wird hiermit bescheinigt, dass die lokalen Straßenbahnen mit Genehmigung der Militärregierung ihren Betrieb im April 1945 wieder aufgenommen haben. Inzwischen haben sie einige Linien in Ordnung gebracht, die durch Bomben zerstört worden waren. Sie sind nun mit der grundlegenden Wiederherstellung anderer wichtiger Straßenbahnlinien in dem Gebiet beschäftigt." Unterschrift: Major Dunsmore

von Schweisfurth war da alles Militärgut gestapelt. […] Da gab's noch Schlägerei. Da kam noch Militärpolizei, die wollten das noch wieder alles rückgängig machen, aber da haben sich die Leute aufgeregt und haben gesagt: 'Soll das der Ami alle kriegen?' Da haben sie dann gesagt: 'Hol's der Deibel.'"

Am 1.4.1945 rückten die alliierten Truppen in Herten ein. Die Panzer überrollten die Straßenbahnmasten und zerfetzten die Leitungen. Die Straßen waren von Trümmern, zerstörten Wehrmachtsfahrzeugen und Gerümpel blockiert. Doch Geschützfeuer und Panzerrasseln waren noch nicht ganz verhallt, als schon an Plänen für den Wiederaufbau gearbeitet wurde. Zehn Tage nach dem Einmarsch beauftragte die Militärregierung die Geschäftsführung der Vestischen Straßenbahnen mit der Wiederaufnahme des Betriebes.

Viele Männer waren noch in Kriegsgefangenschaft. Die heimgekehrten Männer wurden vom Arbeitsamt vorzugsweise zu den Zechen geschickt, die dringend Arbeitskräfte benötigten. Bei der Vestischen waren bis Ende 1946 immer noch 64 Betriebsangehörige nicht aus der Gefangenschaft zurück. Frauen wurden an ihrer Stelle im Schaffnerdienst eingesetzt, während die verbliebenen Männer die Strecken in Ordnung brachten. Die im Krieg zerstörten Fahrleitungen waren hart gelötet worden. Dadurch rissen sie ständig. War es an einer Stelle repariert worden, hing das Kabel trotzdem noch durch – wenige Meter weiter war es erneut gerissen. Das in der Schmiede selbstgemachte Werkzeug war ständig im Einsatz. Auch für Aufräumarbeiten wurden die Straßenbahnwagen herangezogen. Darüber hinaus fuhren Güterwagen der Vestischen zum Bochumer Großmarkt, um von dort Gemüse und andere Dinge für die tägliche Versorgung der Bevölkerung zu holen. Zur Bewältigung dieser Aufgabe bekam der Betrieb von der Stadt zusätzlich fünf Lkw. Die Arbeitsleistung der Belegschaft war enorm – für 75 Pfennig Stundenlohn. Schaffner Friedrich Gröbke: *„Man musste ins Portemonnaie gucken, ob man noch Durst hatte."*

Am 28.4.1945 war es dann soweit: Auf zwei Teilstrecken in Herten und einer in Recklinghausen konnte der Linienverkehr mit der Straßenbahn wiederaufgenommen werden, zwei Tage später auf einer in Bottrop. Die Kontroll-Kommission für Deutschland,

Das erste Auto nach dem Krieg vor dem Autoschuppen in Bottrop. Die Vestische bekam insgesamt 3 gebrauchte Mercedes von der Militärregierung. Bei Schnee funktionierten die Scheibenwischer nicht und der Fahrer musste den Schnee mit einem Handfeger beseitigen. Im Wagen sitzt Fahrer Borek mit Akkordeon. *(Sammlung Eduard Borek)*

Kommandantur Münster, erteilte die Genehmigung für den Straßenbahnverkehr: *„Die Genehmigung gilt nur für diejenigen Linien und Teilstrecken, die laut beigefügtem Anhang und Fahrplan am Tage der Antragstellung in Betrieb waren. Die durch die Bescheinigung über Kraftverbrauch genehmigte Stromverbrauchsmenge wird nicht überschritten."*

Nicht nur auf der Strecke, auch auf den Betriebshöfen mussten etliche Kriegsschäden beseitigt werden. Es gab große Zerstörungen durch wiederholte Fliegerangriffe und Bombentreffer und in den letzten Kriegstagen auch durch Artilleriebeschuss. Die entstandenen Schäden wurden, so erzählt Heinrich Sander, mit einfachsten Mitteln vorläufig behoben: *„Ich hab damals die Dächer mit geflickt. Da wurden mit Leinentüchern provisorisch die Dächer – das war Drahtglas – abgeklebt, damit einigermaßen von oben wieder alles dicht wurde. Das war keine Dauerlösung."*

Die Instandsetzung des Wagenparks war auch nach Kriegsende nicht einfach. Es fehlte immer noch überall am notwendigen Material. Die beschädigten Fahrzeuge wurden zunächst nur notdürftig repariert: *„Die Außenwände durchschlagen usw., da wurde nicht viel Theater gemacht, die haben sie geflickt. Bleche draufgesetzt, geschweißt usw., drüber gepinselt – da war der Fall erledigt und es lief erstmal wieder"*, erinnert sich Heinrich Sander. Um weitere Schäden an den Straßenbahnen zu verhindern, gab die Direktion den Fahrern im Herbst 1946 die Anweisung, eine Überbelastung der Wagen zu vermeiden. Die bisherige Praxis hatte zum einen zu Achsbrüchen geführt, die schlecht oder gar nicht zu reparieren waren, und zum anderen erschwerte sie die Arbeit der Schaffner: Sie kamen bei dem dichten Gedränge nicht durch, und etliche Fahrgäste (vor allem Kurzstreckenfahrer) stiegen aus, ohne bezahlt zu haben. Deshalb durften nun nicht mehr als 50 Personen pro Wagen befördert werden.

Bis Ende 1946 war das Netz mit 19 Straßenbahnlinien im Wesentlichen wiederhergestellt. Die Vestischen Straßenbahnen verfügten über 188,5 km betriebsfähige Streckenlänge. Im planmäßigen Einsatz befanden sich 51 Trieb- und 64 Beiwagen – manche ohne Fensterscheiben. War es zu kalt, wurden die Öffnungen mit Holz vernagelt. 63 Trieb- und 12 Beiwagen konnten wegen des erwähnten Materialmangels nicht startklar gemacht werden. Auch der Mangel an Glühlampen machte sich bemerkbar. So wurden 180 Grubenlampen von den Zechen zur behelfsmäßigen Beleuchtung der Beiwagen verwendet. Sie hingen an Haken und schwangen bei jeder Bewegung des Wagens hin und her. Die Schaffnerinnen mussten aufpassen, sich nicht daran zu verletzen. Trotz dieser Behelfslösung mussten täglich bis zu 15 Wagen wegen nicht ausreichender Beleuchtung aus dem Verkehr gezogen werden. Manchmal gingen Fahrgäste mit einer Lampe voraus, um einerseits der Bahn den Weg zu beleuchten und andererseits den anderen Verkehrsteilnehmern zu signalisieren: Vorsicht, hier kommt die Bahn!

Die wenigen Glühlampen erfreuten sich auch einer gewissen Beliebtheit bei den Schwarzhändlern. Das erlebte auch der Fahrer Johann Paternoga. Er hatte abends den letzten Wagen nach Erkenschwick gefahren. Für die Rückfahrt musste er den Zweirichtungswagen umschalten, wozu er an das andere Ende des Wagens gehen musste. Als er sich wieder umdrehte, *„da hat der Lump mir die Birne ausgeschraubt. Die haben die ja verkungelt. Die konnten mit denen ja nichts anfangen. Unsere Birnen hatten 110 Volt, und wir haben ja alle 220 gehabt. Ausgeschraubt, weg war er."*

Ihre Arbeit konnten die Fahrer nur unter erschwerten Bedingungen verrichten. Beschlugen oder vereisten die Frontscheiben der Straßenbahnen, griffen sie zum bewährten Scheibenreiniger „Vestische Klare Scheibe": In Leinen gewickeltes Salz, mit dem die Scheiben abgerieben wurden, verhalf zum Durchblick. Der drohenden Verkühlung des eigenen Leibes – eine Heizung gab es entweder nicht oder sie funktionierte nicht – versuchten die Fahrer mit dicken Lederjacken und warmen, mit Zeitungspapier zusätzlich ausgestopften Schuhen zu entgehen. Die Hände wurden mit Handschuhen geschützt, aus denen oben die Finger herausschauten. Von einer Uniform konnten sie nur träumen. Eine Mütze war schon viel. Wer einen Soldatenmantel hatte, ließ ihn sich halbwegs passend färben.

„Die Aufrechterhaltung des Betriebs wird vor allem durch die vollkommen unzureichende Zuteilung von Kohle und Koks bedroht. Besonders gefährdet sind die lebenswichtigen Wagenreparaturarbeiten und das Bereithalten von getrocknetem Streusand sowie von warmem Wasser für die verschiedensten technischen Zwecke und für die körperliche Reinigung der mit Schmutzarbeiten beschäftigten Arbeiter. Zum erstenmal seit Bestehen des Betriebs in 46 Jahren sind unsere Dampfkessel zum Stilliegen gekommen. Falls die Zuteilungen an Kohle weiter ausbleiben, sind erhebliche Betriebseinschränkungen die unausbleibliche Folge. Unser monatlicher Bedarf in den Wintermonaten beträgt: 180 t Festbrennstoffe oder 220 t Schlammkohle. Es wurden zugeteilt: Monat Oktober 1946: 100 t Schlammkohle, Monat November 1946: 9 t Festbrennstoffe.“

Schreiben der Direktion an den Oberstadtdirektor von Gelsenkirchen vom 2.12.1946

Die 1943 eingerichtete eigene Werksküche konnte erst einige Jahre später wieder in Betrieb genommen werden. Damit die Betriebsangehörigen nicht auf eine warme Mahlzeit verzichten mussten, lieferte die Fa. Schweisfurth aus Herten Essen zum Selbstkostenpreis. Der ehemalige Schaffner Emil Göttker erinnert sich an seine Hochzeit (übrigens mit einer Schaffnerin): *„Wie ich im September 1946 geheiratet habe, da hat die Vestische zur damaligen Zeit so 10-Liter-Eimer Rübenkraut organisiert, da kriegte ich so einen Eimer Rübenkraut. Davon haben wir Schnaps gebrannt nachts. [...] Damals habe ich 116 Pfund gewogen. Was hatten wir denn zu essen gehabt?“*

1947 bestimmten auch bei der Vestischen die Schwierigkeiten bei der Materialbeschaffung für den Betrieb sowie die andauernde schlechte Versorgungslage der Belegschaft die Situation. Im Betriebsratsprotokoll wird festgestellt, *„dass bei der augenblicklichen Ernährungslage dem Personal kaum noch zugemutet werden kann, vollwertig Dienst zu machen. Es sind so ziemlich alle am Ende der Kräfte. Das beweisen nicht allein die hohen Krankenziffern, sondern auch die immer mehr sich häufenden Anträge auf Urlaub ohne Lohn.“* Nicht verwunderlich, wenn man von Maisbrot leben musste. *„Wenn das ein paar Tage alt war, war das so hart, da konnte man die Tischkante mit abkloppen“*, so Karl Gollan in seiner Erinnerung. Hoch im Kurs stand selbstangebauter Tabak, um damit das Hungergefühl zu betäuben. Die ohnehin schon desolate Situation war durch den schneereichen und strengen Winter 1946/47 enorm verschlimmert worden, der vermehrt Ausfälle im Wagenpark nach sich zog. Nur 34 Triebwagen waren noch einsatzfähig. Und doch beförderte die Vestische in diesen schwierigen Zeiten 1946-48 rund 60 Millionen Menschen – eine an Organisation und Einzeleinsatz unermessliche Leistung.

Als Ausgleich für die alles andere als unbeschwert zu nennende Situation versuchte man, sich zumindest gelegentlich ein wenig Abwechslung zu verschaffen. So nahm die Werkskapelle ihre Proben im Speiseraum des Betriebsbahnhofes wieder auf. (Aufnahme von ca. 1948) *(Sammlung Herbert Kindler)*

Ende 1946 waren nur noch vier Busse betriebsfähig, die übrigen zwei und die fünf Anhänger reparaturbedürftig. Wegen des Reifenmangels konnten die Busse nur auf drei Linien eingesetzt werden. Vorübergehend übernahmen Privatunternehmer den Dienst. Ende des Jahres konnte auf der Strecke Haltern-Hüls die Beförderung von Bergarbeitern wieder aufgenommen werden. Für die Strecke Haltern-Datteln wurde die Bergarbeiterbeförderung neu eingerichtet.

In den Jahren vor der Währungsreform war jeder auf die Hilfe eines anderen angewiesen. Waren und Leistungen wurden

getauscht: Gibst du mir dies, gebe ich dir jenes. Das war beim Straßenbahnbetrieb nicht anders. Das Vestische Theater in der Kaiserstraße in Herten zum Beispiel war auf die Straßenbahn als Beförderungsmittel für seine Besucher angewiesen. Doch dafür waren auf Seiten des Fahrpersonals Überstunden notwendig, die diesem wiederum angesichts der Ernährungslage nicht zugemutet werden konnten. Also kam es im August 1947 zu folgender Vereinbarung: Die für den Wageneinsatz benötigten zehn Mitarbeiter aus dem Fahrpersonal erhielten je zwei Freikarten für die besseren Plätze. Davon wurden sie zwar auch nicht satt – aber sie bekamen ein wenig Vergnügen geboten oder konnten die Karten wiederum gegen etwas anderes eintauschen.

Um das Aufsichtspersonal für die Öffentlichkeit besser kenntlich machen zu können, wurden Ende 1947 Silberkordel und Sterne eingeführt. Schwierig war nach wie vor die Kleiderfrage. Bei den Männern konnte der Bedarf etwas gedeckt werden, doch der Nachfrage nach Blusen für die Frauen konnte nicht entsprochen werden. Das Betriebsratsprotokoll dokumentiert: *„Die Zuteilungen für 1946 sind endlich ausgeführt. Für 1947 und erst mit Recht für 1948 haben wir nichts erhalten."*

Ein Blick aus der Höhe auf den Oberleitungswagen, auf dem die drei Mitarbeiter gern für ein Foto ihre Arbeit unterbrechen. (Aufnahme zwischen 1948 und 1957) ***(Sammlung Siegfried Pick)***

Die Mannschaft des provisorischen Betriebsbahnhofes Waltrop 1948 – eine eingeschworene Gemeinschaft. Stehend: Leo Luczak, Otto Schulze, Helmut Schafstall, Josef Gröning, Otto Homann, Emil Hartmann, Franz Rehbein, Karl-Heinz Overwien, Albert Borowiak, Wolfgang Menzel, Eduard Timmermann; vorn: Anna Sailer, Ruth Stöve (verh. Lahme), Elisabeth Tschackert (verh. Krafczyk), Verkehrsaufseher Theodor Hiltrop und Huesmann, N.N., Änne Westhoff, Gitzek. ***(Sammlung Manfred Krafczyk)***

Nach Schließung des Betriebshofes Waltrop wurde die Weiche, die von der Dortmunder Straße auf den Hof führte, entfernt. Damit beschäftigt sind Fred Buttler, Franz Jansing, Hugo Lehmkühler und Günter Wessler. (Aufnahme vom 2.5.1950) *(Manfred Krafczyk)*

Im April 1948 wurde in Waltrop ein kleiner Betriebshof eingerichtet. Er war im Hof einer Autowerkstatt untergebracht und bestand aus einem überdachten Abstellplatz für zwei Trieb- und einen Beiwagen sowie einem Schaffnerzimmer.

Notwendig wurde dieses Provisorium wegen der Zerstörung der Lukasbrücke über den Dortmund-Ems-Kanal in Meckinghoven durch abrückende deutsche Soldaten, womit die Linie 4 Meckinghoven-Waltrop-Brambauer vom restlichen Straßenbahnnetz abgeschnitten war. Die Wagen fuhren von Osten bis an die Brücke heran; auf der anderen Seite warteten die Wagen aus Recklinghausen auf Umsteiger, die zu Fuß die Brücke überqueren mussten. Nach Fertigstellung der Brücke wurde der Betriebshof zum 1. Mai 1950 geschlossen.

Wenige Tage nach der Währungsreform, am 1. Juli 1948, war das gesamte Liniennetz wiederaufgebaut und befahrbar. Der Betriebsrat konnte feststellen: *„Die Währungsreform hat einen großen Teil von Problemen wie Fahrscheine, Wecker, Wechsler, Zangenbeschaffung in sich erledigt. [...] Ebenso ist der Mangel an Fahrpersonal heute behoben.“*

Harry Heide, ehemaliger Schaffner, erinnert sich:

„Ab 4 Uhr in der Frühe erwachte der Betriebsbahnhof zum geräuschvollen Leben: die Züge wurden zusammen- und auf der Ewaldstraße zur Ausfahrt bereitgestellt. Das quietschte, rumpelte und ratterte, dass es eine reine Freude war (wohl weniger für die Anwohner, die durch unsere Aktivitäten immerhin die Kosten für die Anschaffung eines Weckers sparten)! [...] Spätestens so gegen 6 Uhr begannen die Leute unsere Fahrzeuge regelrecht zu stürmen. Es waren die Monate der auslaufenden Reichsmarkzeit. Für das Geld war kaum etwas zu bekommen, [...] Für 30 Pfennige konnte man von Herten bis Recklinghausen fahren. Für uns Schaffner begannen mit dem Fortschreiten der Tageszeit Stunden ununterbrochener Schwerarbeit. Die Leute begaben sich auf Hamstertouren, die Wagen waren voll bis unter das Dach. Zum Abkassieren bahnten wir uns unseren Weg durch die Menge unter Einsatz beider Ellenbogen. Dabei musste man sich vorsehen, dass man nicht versehentlich in einen Eimer mit Rübenkraut trat – was vorgekommen ist. [...]

Und dann nahte er, der Tag der Währungsreform im Sommer 1948. Am Vorabend hatte ich Dienst auf der Linie 10 [Recklinghausen-Herten-Resse-Buer-Gladbeck]. Es war grauenvoll. Für eine Übergangszeit behielten gewisse Reichsmarksortierungen als Kleingeld einen um 1 zu 10 reduzierten Wert. Da war es aussichtslos, um passende Beträge zu bitten. Gezahlt wurde mit Scheinen von zehn Mark aufwärts, das bisschen Wechselgeld hatte man im Nu ausgegeben, Herausgeben war unmöglich. Interessant waren die Reaktionen der Fahrgäste, sie reichten von Enttäuschung bis zu der Empfehlung an den Schaffner: 'Tapezieren Sie sich doch Ihre Wohnung damit!' Nach der abendlichen Abrechnung überstieg der so entstandene Überschuss die reguläre Einnahme um 100% und mehr!

Anderntags – ich wohnte damals in der Nähe der Haltestelle 'Cranger Schule' in Wanne-Eickel – galt mein erster Blick der herannahenden Linie 1. Gähnende Leere! Der Zug war mit der Besatzung besetzt, Fahrgastaufkommen: Null! Und es blieb so für lange Zeit. Dienste, die wir zuvor mit Reichsmark 150,- abgerechnet hatten, brachten jetzt so um die 40,- Deutsche Mark ein. Man konnte für sein Geld jetzt eben mehr kaufen als einen Fahrschein bei der 'Vestischen'!“

Ab April 1949 unterstanden Förderung und Verteilung von Kohle, Koks und Stahl des Ruhrgebietes der Kontrolle einer Internationalen Ruhrbehörde (Ruhrstatut, bis Juli 1952). Am 23.5.1949 verkündete der Parlamentarische Rat das Grundgesetz der Bundesrepublik Deutschland, das als Provisorium bis zur Wiedervereinigung gedacht war und von allen Ländern außer Bayern ratifiziert wurde. Im September wurde Theodor Heuss zum Bundespräsidenten, Konrad Adenauer zum Bundeskanzler gewählt. Das Presse- und Rundfunkgesetz hob die Lizenzpflicht der Zeitungen auf und garantierte die Pressefreiheit. Im Juni 1950 trat das Heimkehrergesetz in Kraft, das ehemaligen Kriegsgefangenen besondere Rechte und Vergünstigungen gewährte, z.B. bevorzugte Mietraumzuweisung.

Während draußen auf den Strecken mit schier unermüdlichem Einsatz organisiert, improvisiert und repariert wurde, spitzte sich eine Auseinandersetzung zwischen dem Aufsichtsrat und der Belegschaft dermaßen zu, dass der Betriebsrat drei Tage vor Weihnachten des Jahres 1949 einen umfassenden Streik beschloss. Was war geschehen?

In der Jahresmitte 1949 war die Stelle des kaufmännischen Direktors ausgeschrieben worden. Neun Bewerbungen gingen ein, darunter die von Aloys Greve. Greve war bereits von Sommer 1938 an kaufmännischer Direktor der Vestischen gewesen, bis er 1939 zum Militär einberufen worden war. Jetzt wollte er auf diesen Posten zurückkehren, doch der Belegschaft war der nationalsozialistische Eiferer in böser Erinnerung. Greve war seit 1933 begeisterter Anhänger Hitlers gewesen und hatte es unter dessen Handlangern zum Obersturmführer gebracht. Obwohl der Entnazifizierungsausschuss Greve im Frühjahr 1949 in die Kategorie IVb (ohne Berufsbeschränkung und Vermögenssperre) einstufte, wandten sich die Mitarbeiter der Vestischen entschieden dagegen, diesen erklärten Nationalsozialisten wieder in ihren Betrieb aufzunehmen. In einem Schreiben des Betriebsrates wird erklärt: *„In der Führung von Menschen hat Herr Direktor Greve in wiederholten Fällen bewiesen, dass er den Anforderungen, die mit dieser Stelle verbunden sind, nicht gewachsen war. Er hat seinen Untergebenen gegenüber sich stets als Herrenmensch und Sturmbannführer, der sich nur von seinen nazistischen Ideen leiten lässt, aufgeführt."*

Ende August 1949 beschlossen die Mitglieder des Aufsichtsrates gegen den Belegschaftsprotest die Wiedereinstellung Greves, denn sie hielten ihn für den einzigen, der die D-Mark-Eröffnungsbilanz nach der Währungsreform erstellen konnte. Die Bitte des Betriebsrates um Wiederaufnahme des Entnazifizierungsverfahrens gegen Greve lehnte der Sonderbeauftragte ab. Wegen des Widerstandes der Belegschaft gegen seine Person konnte Greve nicht, wie vorgesehen, seinen Dienst am 3.12.1949 aufnehmen und wurde zunächst beurlaubt. Trotzdem hielt der Aufsichtsrat grundsätzlich an seiner Entscheidung fest.

Das konnte die Belegschaft nicht akzeptieren und der Betriebsrat beschloss den Streik. Am Abend des 21.12.1949 fuhren Lautsprecherwagen durch die Straßen: *„Nachdem der Aufsichtsrat der Vestischen Straßenbahnen entgegen dem monatelangen Widerstand der Belegschaft und der Gewerkschaft Öffentliche Dienste, Transport und Verkehr die Wiedereinstellung eines früheren, politisch erheblich belasteten Direktors beschlossen hat, haben die Betriebsräte in einer Gewerkschaftsversammlung für morgen früh die Arbeitsniederlegung beschlossen. Damit ruht morgen im gesamten Netz der gesamte Verkehr."*

Am folgenden Tag warteten die Fahrgäste vergeblich auf Straßenbahnen und Busse. Es zeigte sich, wie sehr die Bevölkerung auf die öffentlichen Verkehrsmittel angewiesen war. Viele Menschen kamen zu spät zur Arbeit, Geschäfte blieben leer. Mancher Geschäftsmann hatte Sorge, auf den extra für Weihnachten bestellten Sachen sitzen zu bleiben. Die Chemischen Werke Hüls ließen ihre Werksangehörigen von Autobussen an Sam-

Am 5.2.1949 wurden Maria und Alfred Bahr getraut. Zur kirchlichen Trauung wurden die beiden samt ihren Gästen mit einem Sonderwagen der Linie 2 (Tw aus der Serie 305-315) abgeholt. ***(Sammlung Bahr)***

melstellen abholen; etliche Bergarbeiter gingen zu Fuß oder schwangen sich aufs Rad. Der Regierungspräsident in Münster versuchte, mit Hilfe privater Busunternehmen einen Notverkehr einzurichten – vergeblich: Die Busse wurden an großen Verkehrsknotenpunkten angehalten. Die Straßenbahner machten die Fahrgäste auf die Bedeutung des Streiks aufmerksam und forderten sie zum Verlassen der Busse auf. Die provisorischen Schilder und Kreideaufschriften wurden entfernt – und die leeren Busse nach Hause geschickt. Die Polizei griff in das Geschehen nicht ein.

Worum ging es bei diesem Streik eigentlich? Um die Verhinderung der Wiedereinstellung eines politisch belasteten, ehedem wohl nicht besonders beliebten Kollegen, den trotz Entnazifizierung kaum jemand im Betrieb haben wollte? Es ging um mehr: Es ging um das Mitbestimmungsrecht der Belegschaft, vertreten durch den Betriebsrat, bei Personalfragen. Dieses Recht war in jenen Jahren in der Diskussion. Ausgehend von den gemachten (schlechten) Erfahrungen mit alleinigen Entscheidungen der Führungskräfte gerade bei Stellenbesetzungen und Entlassungen wollten die demokratischen Kräfte im Land eine der neuen Verfassung angemessene Vorgehensweise.

Die Proteste der Gesellschafter und vieler anderer Stellen gegen die Aufsichtsratsentscheidung hatten Erfolg. Am 23. Dezember gab der Aufsichtsrat folgende Erklärung ab: *„Mit Rücksicht auf die folgenschweren Auswirkungen der Arbeitsniederlegung der Belegschaft der Vestischen Straßenbahnen beschließt der Aufsichtsrat unter Aufhebung seines Beschlusses vom 21. Dezember 1949, den kfm. Direktor Greve nicht zu beschäftigen. Wenn unverzüglich die Arbeit wieder aufgenommen wird, erklärt sich der Aufsichtsrat damit einverstanden, daß kein Lohnausfall entsteht.“* Am frühen Nachmittag fuhren die Lautsprecherwagen erneut durch die Straßen. Diesmal forderten sie die Belegschaftsmitglieder der Vestischen auf, ihre Arbeit aufzunehmen. Eine Stunde später lief der Betrieb wieder. Am 30. Dezember gab Greve eine Erklärung dahingehend ab, dass er auf Einstellung und Gehaltszahlung verzichte.

Mitte 1949 waren die ersten Wagen des so genannten „Aufbautyps“ (zweiachsiger Einheitstriebwagen) zum Einsatz gekommen. Optisch boten sie viel Neues: eine einzige große Frontscheibe, Buchenholzbänke (statt Polstersitzen), großflächige Fenster aus Sekuritglas, lampenreiche Beleuchtungsanlage, Teleskop-Schiebetüren, Trennung des Führerstandes vom Fahrgastraum, Spezialstuhl mit Rückenlehne für den Fahrer. Auch die elektrische Ausrüstung war erheblich verbessert worden: zwei Antriebsmotoren mit zusammen 120 kW (163 PS), dadurch hohe Beschleunigung und relativ hohe Endgeschwindigkeit, fast stoßfreies Anfahren und Bremsen durch Vielstufenschalter, Heizkörper im Wageninneren.

Die Stromversorgungsanlagen erfuhren über Jahre hinweg eine grundlegende Modernisierung. Die Umformerwerke in Herten, Recklinghausen, Buer, Bottrop und Datteln waren dem zunehmenden Verkehr ab Beginn des Krieges und dem damit steigenden Stromverbrauch nicht mehr gewachsen. Deshalb wurden sie nach ihrer jeweiligen Beschädigung oder Zerstörung während des Krieges auf Gleichrichterbetrieb umgestellt, der sich durch einen weitaus höheren Wirkungsgrad auszeichnet.

Frühstückspause! Die Elektriker der Hauptwerkstatt machten es sich im Juni 1949 vor und auf einem Arbeitswagen bequem. ***(Manfred Krafczyk)***

Um 1950 auf dem Betriebshof Recklinghausen bereit zur Ausfahrt: Tw 336, 44, 333 und 337. Die Wagen des sog. Aufbautyps 327-339 kamen ab 1949 zum Einsatz, der Tw 44 fuhr bereits seit 1913.

Erinnerungen von Harry Heide, der in Wanne-Eickel wohnte:

„Das bedeutete ca. 45 Minuten bis eine Stunde Fußmarsch über die Ewaldstraße bis zum Betriebsbahnhof, durch den Hertener Busch, vorbei an der Zeche Ewald. [...] Eines schönen Vorfrühlingsmorgens zog ich meine Straße Richtung Herten. Den Westhafen und den Waldfriedhof hatte ich schon hinter mir gelassen. Es war noch dunkel, der Mond stand im letzten Viertel und beleuchtete das einsame Band der Straße. Ich liebte diese Gänge. Fürbaß ausschreitend, hatte man Gelegenheit, seinen Gedanken nachzuhängen. So auch an diesem Morgen, bis – ja, bis sich nach und nach ein hier noch nie gehörtes Geräusch in mein Bewusstsein drängte. Der Westhafen konnte es nicht sein, man kennt seine Geräusche. Es war übrigens kurz über der Wahrnehmungsschwelle. Ich marschierte also weiter und ignorierte das Geräusch. Bald aber war das nicht mehr möglich, denn der Laut wurde nun so deutlich, dass er unüberhörbar geworden war. Auf- und abschwellend erfüllte er den Morgen. Nun wollte ich es aber wissen. Ich blieb stehen, schaute zurück – und gewahrte einen dunklen Punkt, der im Takt des Geräusches auf dem mondbeglänzten grauen Band der Straße hin und her schwang. Der Punkt kam näher, wurde größer – und nun löste sich das Rätsel: es war die Schaffnerin Resi aus Wanne-Unser Fritz, auf Rollschuhen! So machte sie ihre Kilometer, fast so schnell wie mit einem Fahrrad, das damals nicht zu beschaffen war. Jahrelang war Rollschuh-Resi, wie wir sie nun nannten, ein Begriff!“

Manchmal war die Kapazität des Stromnetzes trotzdem erschöpft. Zum Beispiel dann, wenn sich die Fahrer der letzten Straßenbahnen aus Waltrop und Datteln in Meckinghoven an einer Kreuzung trafen und sich dort vor der Einfahrt in den Betriebshof Recklinghausen noch gemeinsam ein Bier genehmigten. So konnte es passieren, dass von dort fünf Wagen gleichzeitig ins Depot einfuhren. Diese enorme Strombelastung konnte nur dadurch aufgefangen werden, dass im Gleichrichterwerk ein Kollege den Streckenschalter immer wieder einlegen musste, der wegen Überbelastung heraussprang.

Just zu dem Zeitpunkt, als der Betrieb wieder voll lief, gab es bei der Vestischen ein Jubiläum: 1951 wurde auf Haus Wittringen in Gladbeck das 50-jährige Bestehen gefeiert. In Anwesenheit von Belegschaftsmitgliedern und zahlreichen geladenen Gästen aus allen Bereichen, mit denen die Vestische in Verbindung stand, fanden die Redner lobende Worte für die Leistungen des Unternehmens, dessen wechselvolle Geschichte ein Spiegelbild der wirtschaftlichen Situation seines Einzugsgebietes war – und ist.

Der Dienst der Busfahrer begann mit dem Gang in die Grube: Der Bus musste gewartet werden. Anschließend setzten sich die Fahrer ans Steuer und begannen ihre Tour. So war das bis 1954. Seit Sommer 1952 gab es immerhin eine kleine Erleichterung für die Fahrer: An heißen Tagen durften sie die Mützen abnehmen und die Jacken öffnen, aber nicht ausziehen!

Die Straßenbahn besaß einen hohen Stellenwert im Leben der Menschen. „Man“ fuhr eben damit. Fahrten zu Behörden, aber auch der Verwandtenbesuch an Feiertagen – durchaus von Herten über Buer nach Wattenscheid – wurden mit der Bahn gemacht. Und auch der Weg zur Arbeit wurde mit öffentlichen Verkehrsmitteln zurückgelegt – und wenn es 80 km waren, die zwischen Wohnort und Arbeitsstätte lagen. Autos oder

Geschafft! Stolz präsentieren sich die Schaffner nach ihrer Prüfung am 7.2.1952 dem Fotografen. Sie umrahmen Oberfahrer Heinrich Böhm (zu erkennen am Uniformkragen), der seinen Schülern alles notwendige Wissen vermittelt hat. Von links: Manfred Krafczyk, Rudi Kogelheide, Bernhard Vortmann, Herbert Döring, Johannes Tiefland, N.N., Werner Böhmer, Hubert Heiliger, Heinrich Böhm, Wizenty, Hubert Wilms, Walpuski, Manfred Herden, Heinrich Bäumer, Pesarra. *(Sammlung Manfred Krafczyk)*

Einsatz der Werkskapelle Bottrop unter der Leitung von Frank Gnatowsky bei der 50-Jahr-Feier des Betriebes auf dem Betriebshof Bottrop. (Aufnahme vom 10.5.1951) *(Sammlung Karl Gollan)*

Alltag auf der Strecke – abgesenktes Pflaster muss ausgebessert werden. Die vier Mitarbeiter bemühen sich in Recklinghausen auf der Dorstener Straße in Höhe des Eingangs zum Stadtgarten um Behebung des Schadens. (Aufnahme 29.8.1951) *(Manfred Krafczyk)*

Motorräder gehörten noch lange nicht selbstverständlich zum privaten Eigentum. So besaßen z. B. 1952 von 100 Arbeitern der Chemischen Werke Hüls in Marl nur einer ein Auto und zwei ein Motorrad.

Zu dieser Zeit gab es zwischen dem Personal und den Fahrgästen noch viele gute Kontakte – man kannte sich und sprach miteinander. Die Fahrer wussten, wer an welcher Haltestelle ein- oder ausstieg, und warteten schon mal auf einen vermissten Kunden, der sich verspätete. Unter den täglichen Mitfahrern gab es etliche, die sich abmeldeten, wenn sie in ihren wohlverdienten Urlaub gingen – damit der Fahrer nicht vergeblich auf sie wartete. Mancher Fahr-

. . . wenne hintn einsteichs

Mitte Strahssnbahn
fahrchchanz gährne.
Da kasse nähmlich fohrne einstein,
oder du kassauch hintn einstein
weilse nähmlich meissnsn Annänger drannatt.

Unwenne fohrne einsteichs,
dann kasse daauchnomal fohrne einstein,
zu den Strahssnbahnfarrer,
Unda kasse sehn, wenner so bimmelt
wattat Volk, wiedattzo überde Strahsse läuft,
doof is.
Di Rattfarrers, die Olln mittn Regenschihrm,
die Autos un watta allettzo rumläuft.

Wenne fohrne einsteichs,
kasse auch hintn einstein,
wo dä Schaffner sein Platz hat.
Wenne also fohrne einsteichs,
da kasse also fohrne fohrne
oder fohrne hintn einstein.

Genau so isset, wenne hintn einsteichs,
innen Annänger.
Da kasse auch hintn fohrne
oder hintn hintn einstein,
ganz egal, wie dattich Spassmacht.

Aber dattis ehmdatt Schöne anne Strahssnbahn:
Wennße dabiss, wohße hinwills,
dann bisse da,
oppe nun fohrne fohrne
oder fohrne hinten,
oder hinten fohrne
oder hintn hintn eingestiehn biss. ANTON

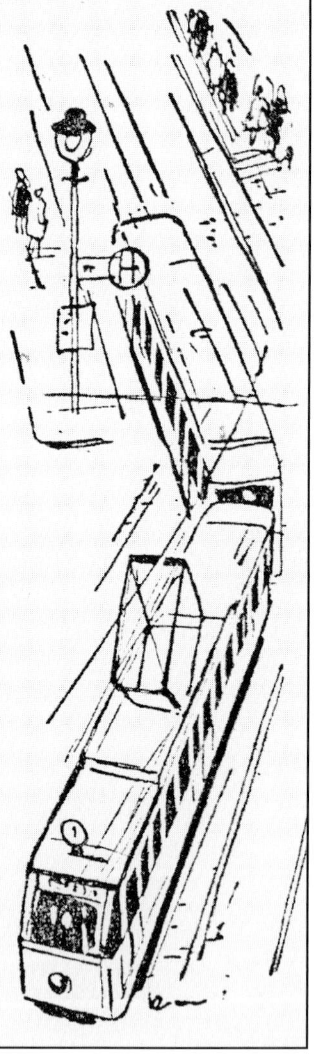

Zum ersten Mal in der Westdeutschen Allgemeinen Zeitung: ANTON – später eine feste Einrichtung in der Wochenend-Beilage – beschäftigte sich am 4.12.1954 in schönstem Ruhrgebietsdeutsch mit dem Thema Straßenbahn.

Der Altmarkt in Bottrop in den 50er Jahren.

gast brachte „seinem“ Fahrer oder Schaffner kleine Gaben mit. So auch eine Frau, die regelmäßig zwischen Buer und Polsum fuhr. Sie überließ dem Fahrer, der gern gut aß, Kochrezepte – seine Frau wurde fast ein wenig eifersüchtig. Doch sie kochte und backte die Rezepte nach, und es war immer lecker! Auch Erdbeeren, Schinkenbrote, Semmel, Schokolade und Obst gehörten zu den freiwilligen Versorgungsleistungen der Fahrgäste. In Bottrop gab es einen alten Bergmann, in dessen Garten Fahrer und Schaffnerin während ihrer Pause an der Endstelle ernten durften. Oder es geschah zu besonderen Anlässen, dass das Fahrpersonal zu Feierlichkeiten eingeladen wurde und sich vom Essensangebot etwas zum Mitnehmen aussuchen durfte.

Der Kontakt zu den Fahrgästen wurde schlechter, als keine Schaffner mehr auf den Wagen mitfuhren. Dem Fahrer blieb kaum noch Zeit für ein Gespräch. Auch der Zusammenhalt im Personal lockerte sich dadurch. Emil Göttker: *„Früher wusste man, wenn auf der Strecke jemand zugezogen war, nach drei bis vier Tagen, wo der arbeitete. Heute fühlen die Menschen keine Nähe mehr zueinander.“*

Damals stand das Fahrpersonal nicht nur während des Dienstes unter Aufsicht der Kontrolleure, sondern musste auch bei Krankheit mit Kontrolle rechnen. Davon weiß Wolfgang Widera, zunächst Schaffner, später Leiter des Betriebshofes Datteln, zu erzählen:

„Im Sommer hatten die Kranken genehmigten Ausgang bis 20 Uhr, im Winter bis 18 Uhr. Abends musste man mit Krankenbesuchern von der Betriebskrankenkasse rechnen. Nun ergab es sich, dass eine Schaffnerin einen Krankenschein genommen hatte, aber während dieser Zeit ihre Hochzeit angesetzt war. Die Wohnung war voller Gäste, und es wurde fröhlich gefeiert. Da klingelte es an der Tür: der Krankenbesucher! Die Braut huschte panisch in voller Montur (inklusive Schuhe) ins Bett und zog die Decke bis zum Kinn hoch, hochrot im Gesicht. Der Krankenbesucher kam ins Zimmer und meinte mitleidig: ‘Sie fiebern aber ganz schön. Ist Ihnen das nicht zuviel mit dem Lärm da draußen? Was feiern die denn eigentlich?’ Darauf Schaffner Widera geistesgegenwärtig: ‘Wir feiern Geburtstag. Wir konnten ja nicht wissen, dass sie krank wird, und absagen wollte sie auch nicht.’ Darauf der Krankenbesucher: ‘Na, dann feiern Sie mal noch schön. Aber nehmen Sie ein bisschen Rücksicht auf die Kranke, und seien Sie nicht so laut.’“

Das Auto wird zum Konkurrenten

Die Massenarbeitslosigkeit des Winters 1949/50 war durch einen stetigen Wirtschaftsaufschwung überwunden worden. Ab Mai 1950 brauchten die Westdeutschen für ihren Einkauf keine Lebensmittelkarten mehr. Amerikanischer Einfluss nahm seinen Weg ins tägliche Leben: Außer Coca Cola und Kaugummi brachte er am 30.11.1951 die Eröffnung des ersten Selbstbedienungsladens im Vest Recklinghausen: An der Rappaportstraße in Marl wagte die Konsumgenossenschaft Neuland diesen Schritt in ein neues Einkaufszeitalter.
Die Wirtschaft im Westen profitierte von der Modernisierung ihrer kriegszerstörten oder demontierten Anlagen. Im Juli 1952 wurde das Betriebsverfassungsgesetz vom Bundestag verabschiedet, das die Bildung von Betriebsräten als Interessenvertretung der Arbeitnehmer in Betrieben mit mehr als fünf Beschäftigten vorschrieb. Der erste Weihnachtstag 1952 war der Geburtstag des deutschen Fernsehens, aus Hamburg kamen die ersten Bilder.
Im Osten Deutschlands, der 1949 gegründeten „Deutschen Demokratischen Republik", beschloss der Ministerrat Ende Mai 1953 eine mit Lohnsenkungen verbundene Erhöhung der Arbeitsnormen. Der sich aus Arbeitsniederlegungen entwickelnde Aufstand wurde am 17.6.1953 mit Hilfe sowjetischer Panzer niedergeschlagen.
Am 5.5.1955 trat der Deutschland-Vertrag in Kraft, der das offizielle Ende des Besatzungsregimes und die Souveränität der Bundesrepublik bedeutete. Deutschland sollte nun auf Jahrzehnte hinaus ein geteiltes Land sein.
Die große Weltpolitik warf ihre Schatten bis in unsere Region: Im Juli 1955 nahmen die Sowjetunion und die Westmächte in Genf Gespräche auf, um zu einem Abbau der Spannungen und einem Ausgleich der Mächte in Europa zu kommen. Aus diesem Anlass gab es auch bei der Vestischen eine zweiminütige Arbeitsstille – nichts lief mehr.
Das Auto avancierte zum Zeichen des wiedererlangten Wohlstands. 1955 wurden von den gemeldeten Fahrzeugen zwei Drittel gewerblich genutzt. Ein privater Pkw blieb für die meisten jedoch zunächst ein Wunschtraum – bei den Preisen! Das durchschnittliche Jahreseinkommen eines Bergmanns betrug 5.400 DM. Ein VW war für 4.710 DM zu haben, für einen Ford Taunus mussten 7.550 DM hingelegt werden.

Auch etliche Jahre nach Ende des Krieges waren seine Auswirkungen noch an manchen Stellen zu spüren. So gewährte die Vestische Ende 1953 allen Spätheimkehrern aus Russland für zwei Monate Freifahrt auf allen Linien, um ihnen auf diese Weise den Übergang ins zivile Leben zu erleichtern.

Und auch im Betrieb warf die Vergangenheit ihre Schatten: Laut Verfügung des Geschäftsführers wurde auf den Toilettenanlagen kein Toilettenpapier verwendet, sondern es musste auf alte Fahrberichte zurückgegriffen werden: auf die mit den Insignien des Dritten Reiches.

Die bisherige Form der Betriebsführung mit mehreren Außenbahnhöfen erwies sich nach dem Krieg bald als zu kostspielig. Die Dezentralisierung des Unternehmens lag

Schuld an der „krummen Tour" der Straßenbahn war ein Wasserrohrbruch auf der Horster Straße in Bottrop auf Höhe der Hausnummern 35-39 am 10.6.1953. *(Eduard Borek)*

Mit den alten Fahrzeugen, vor allem aus dem Jahr 1929, waren die Fahrer nicht mehr zufrieden. Auf einer Belegschaftsversammlung im März 1953 stellten sie ihre Kritikpunkte zusammen:

„1. Schuld an den Erkältungskrankheiten seien die undichten Türen, wo der Wind nur so durchfege und jegliche Abdichtung fehlt. Besonders wurden die Beiwagen hervorgehoben, die im Winter einem Eispalast gleichen, da die Heizung mangelhaft sei.

2. Das Fehlen bzw. Nichtinordnungsein vorhandener Scheibenwischer gab Beschwerde durch die Fahrer Anlass.

3. Die Klappfenster, besonders an den 300er Wagen seien nicht genügend abgedichtet. Ein messerscharfer Wind dringe durch die mm-breiten Spalten.

4. Gerade an diesen Wagen fehlen die Scheibenwischer. Das macht es erforderlich, dass bei Regenwetter die Fenster geöffnet werden müssen, um die Tropfenbildung durch das bestimmt nicht hygienisch einwandfreie Mittel der Spucke zu unterbinden. Bei Schneegestöber macht sich dieser Mangel besonders bemerkbar, da dann durch das Öffnen der Fenster jeweils ein starker Durchzug entsteht.

5. Es sind immer noch Wagen im Betrieb, wo die Sandstreuer durch Fußbedienung betätigt werden müssen. Der Durchzug durch den offenen Spalt bedeutet für den Fahrer stets kalte Füße und Beine.“

Seit dem 15.8.1952 waren Almex-Drucker in den sog. „grünen Fischen" installiert. Sie lösten die vom Schaffner zu lochenden Fahrscheine ab. Dieser Fahrschein (Nr. 241), der von einem jungen Mann im Nachlass seines Großvaters gefunden wurde, erzählt uns etwas: Er wurde auf der Linie 40 (Zeche Victoria – Sickingmühle – Schacht 3 – Drosselplatz) an der Zahlgrenze 7 (Silvertstraße) an einem 21.6. zwischen 1953 und 1966 (bis dann gab es die Linie 40) um 20 Uhr von Drucker Nr. 56 ausgegeben.

begründet in dem großen, polyzentrischen Bedienungsgebiet. Um die Anfahrtswege für die einzusetzenden Straßenbahnen möglichst kurz zu halten, war die Einrichtung mehrerer Betriebshöfe notwendig gewesen: Herten, Recklinghausen, Buer und Bottrop. Die zentrale Verwaltung und die Hauptwerkstatt waren in Herten untergebracht.

Ab 1955 lag die Anzahl der Fahrgäste knapp unter 60 Millionen, bis 1962 der Höchststand von ca. 61,5 Millionen Fahrgästen erreicht wurde. Trotz der hohen Beförderungszahlen war die Vestische zu Rationalisierungsmaßnahmen gezwungen, denn die Einnahmen aus dem Verkauf von Fahrscheinen deckten kaum noch die Ausgaben, die durch steigende Materialpreise und vor allem stetige Lohnerhöhungen in die Höhe schnellten. Ein Schritt in diese Richtung war die zunehmende Umstellung auf Betrieb ohne

Ein Blick auf den Rathausplatz in Gladbeck im April 1954. Links wartet der Tw 316 Richtung Zweckel auf Fahrgäste. Der Triebwagen gehört zu den 1938 bestellten, aber erst 1942 und 1943 gelieferten sog. Einheitswagen. Das Fahrgestell dieser Niederflurwagen war durch eine herabgezogene Schürze voll verkleidet. Die Wagen boten 41 Sitz- und 22 Stehplätze. Rechts in Gegenrichtung ist der Beiwagen Nr. 162 zu erkennen.

Schaffner und die entsprechende Umrüstung der Fahrzeuge. Wo Fahrer und Schaffner bisher gemeinsam arbeiteten, übernahm nun der Fahrer die Aufgaben des Schaffners. Zunächst wurde dieses System auf schwach frequentierten Buslinien stundenweise ausprobiert, um damit Erfahrungen zu sammeln.

Ab 1952 wurden vierachsige Großraumwagen eingesetzt, die wegen ihres Anstriches „grüne Fische“ genannt wurden. Ein Wagen dieses Typs hatte einen ganz besonderen Auftritt: Der Hersteller DÜWAG-KIEPE präsentierte ihn bei den Olympischen Spielen in Helsinki unterstützt von Technikern der Vestischen! In den Folgejahren wurden nach und nach die Beiwagen abgeschafft und 1957 kamen die ersten sechsachsigen Triebwagen des gleichen Herstellers zum Einsatz.

Der Arbeitskräftemangel Mitte der 50er Jahre forderte eine Entscheidung, denn es standen nicht genügend Männer zur Verfügung. Deshalb wurde (mal wieder) auf Frauen zurückgegriffen. Dabei handelte es sich überwiegend um ehemalige Betriebsangehörige, die als Kurzdienstschaffnerinnen beschäftigt wurden. Zusätzlich wurden Schaffner unter 21 Jahren eingestellt.

Rudolf Link erinnert sich:

„Ein Schaffner war im Krieg Feldwebel gewesen. Wenn der zur Abfahrt pfiff, dann konnte man als Fahrer getrost losfahren – man wusste, es war alles in Ordnung. Eines Tages pfiff er wieder, und der Fahrer fuhr los, ohne sich umzuschauen. Leider stand der Schaffner noch vor der Tür.“

Am 1. Oktober 1957 wurde die 45-Stunden-Woche eingeführt. Für die Vestische bedeutete dies vermehrte Neueinstellungen, um die Arbeitszeitverkürzung ohne radikale Fahrplaneinschränkungen ausgleichen zu können. Der Betrieb hatte mit ungünstigen Rahmenbedingungen zu kämpfen, die Gesamtwirtschaft stagnierte und der Zuwachs der Beschäftigtenzahlen hatte sich verringert. Das größte Problem war jedoch der allmählich zunehmende Individualverkehr. Während es 1950 noch 2 Millionen zugelassene Pkw waren, so stieg diese Zahl bis 1965 auf 12,1 Millionen. Es fielen nicht nur die Fahrzeuginhaber als Kunden weg, sondern auch noch deren Kollegen, die sie zu ihren Arbeitsplätzen mitnahmen. Die Betriebsleitung

Immer wieder hatte der Betrieb mit Schäden durch Bergsenkungen nicht nur auf den Strecken, sondern auch an den Gebäuden zu kämpfen. Besonders betroffen war der Betriebshof Bottrop, dessen Fußboden 1959 um ca. 1,8 m tiefer gelegt werden musste.

Zentraler Umsteigeplatz für Bus und Straßenbahnen war über viele Jahrzehnte hin der Pferdemarkt in Bottrop, hier im Jahr 1959.

Die Haltestelle „Gelsenkirchen-Buer Rathaus" 1959 mit Wartehallen und Busbahnhof.

stellte in ihrem Geschäftsbericht fest, *„daß sich immer mehr sowohl bei den Städten als auch bei den Parlamenten und selbst den Verkehrsnutzern die Erkenntnis durchsetzt, daß das Verkehrschaos in unseren Städten, das für jeden Verkehrsteilnehmer immer deutlicher sichtbar wird, nur durch Aufrechterhaltung und Verbesserung des öffentlichen Nahverkehrs gelöst werden kann"*. Ein Satz, der auch Jahrzehnte später nichts an Aktualität eingebüßt hat.

Die Vestische trug ihren Teil zur Verbesserung der Verkehrssituation bei und durch die Einrichtung neuer Linien, eine Verdichtung der Fahrpläne und den Einsatz moderner

Noch gemeinsam im Einsatz: Busse und Straßenbahnen. Doch der Aufwand ist enorm:

Der Unterhalt sowohl einer Straßenbahnwerkstatt (hier die Hauptwerkstatt Herten um 1950) ...

...als auch einer Omnibuswerkstatt (hier eine Aufnahme aus den 60er Jahren) und ...

...die Instandhaltung von Gleisanlagen und Oberleitungen (wie hier am Bahnhofsvorplatz in Recklinghausen 1950) sollten bald zu teuer werden.

Fahrzeuge gelang es, eine – wenn auch geringe – Steigerung der Fahrgastzahlen zu erreichen. Zusätzlich wurde der Service für den Fahrgast verbessert: 1959 begann die Errichtung von Fahrgastunterständen an besonders wichtigen Haltestellen. Doch schon nach kurzer Zeit musste festgestellt werden, dass die mutwilligen Beschädigungen der Wartehallen immer mehr zunahmen und der sich daraus ergebende Reparaturaufwand kaum noch vertretbar erschien. Ein Problem, an dem sich bis heute leider nichts geändert hat.

Die Straßenbahn wird zu teuer

Im Februar 1961 wurde der Bundesangestelltentarif (BAT) unterzeichnet, der den Angestellten des Bundes, der Länder und Gemeinden verbesserte Arbeitsbedingungen und Sozialleistungen brachte. Am 13.8.1961 erschütterte die Abriegelung des Berliner Ostsektors die Nation, zwei Tage später begann der Bau einer Mauer rund um den Westteil der Stadt. Die Regierung Ulbricht wollte dadurch den Flüchtlingsstrom gen Westen eindämmen und damit den drohenden wirtschaftlichen Zusammenbruch der DDR verhindern.
Die Welt trauerte am 22.11.1963 um den amerikanischen Präsidenten John F. Kennedy, der in Dallas einem Attentat zum Opfer fiel.
Wirtschaftlich ging es zu Beginn der 60er Jahre zunächst aufwärts: Dem Arbeitskräftemangel versuchte man durch Anwerbung ausländischer Arbeitnehmer zu begegnen. Auf einen Arbeitsuchenden entfielen fünf offene Stellen. Rasant entwickelten sich die Zahlen der zugelassenen Kraftfahrzeuge im Ruhrgebiet: 1949 waren es ca. 72.800, 1955 bereits knapp 350.000, 1960 schon fast 587.000. Drei Jahre später waren sogar rund 793.300 Fahrzeuge registriert. In diesem Jahr erreichte die Bergbaukrise ihren vorläufigen Höhepunkt. 33 Schachtanlagen waren stillgelegt worden, da der Anteil der heimischen Steinkohle an der Energieversorgung von 70% auf 56% gesunken war.
Anfang 1967 waren im Ruhrgebiet 64.000 Menschen arbeitslos, darunter 12.000 Bergleute. Bis zum folgenden Frühjahr kamen aufgrund weiterer Zechenschließungen nochmals 30.000 Bergleute dazu. 1968 stellte die Landesregierung das „Entwicklungsprogramm Ruhr" vor, das der Region durch verschiedene Maßnahmen auf die Beine helfen sollte. Dazu gehörten unter anderem der Ausbau des Verkehrsnetzes (Straßen und Stadtbahn), der Wohnungsbau und die Reduzierung der Luftverschmutzung.

1965 wurde die „Planungsgesellschaft für den öffentlichen Personen-Nahverkehr im Ruhrgebiet" mit Sitz in Essen von sechs Verkehrsgesellschaften gegründet: Die Bochum-Gelsenkirchener Straßenbahnen AG, die Duisburger Verkehrsgesellschaft AG, die Essener Verkehrsgesellschaft AG, die Betriebe der Stadt Mülheim, die Stadtwerke Oberhausen AG und die Vestische Straßenbahnen GmbH schlossen sich mit dem Siedlungsverband Ruhrkohlenbezirk zu dieser Interessengemeinschaft zusammen. Die wichtigsten Aufgaben waren die Planung zwischengemeindlicher Verkehrsverbindungen unter Einbeziehung der örtlichen Nahverkehrsplanungen, die Planung gemeinsamer Tarifbildung und anderer Gemeinschaftsaufgaben und -anlagen, ebenso die Vertretung der Interessen der Gesellschafter gegenüber Behörden, Körperschaften und Anstalten des öffentlichen Rechts sowie anderen Verkehrsträgern.

Fahrgastzählung 1965. Um dem Zählpersonal die Arbeit zu erleichtern, wurden Tonbänder eingesetzt. Die Antworten der Fahrgäste nach Ziel und Zweck ihrer Fahrt konnten anschließend im Büro ausgewertet werden und in die Fahrplangestaltung einfließen.

Die so genannten „Folgepflichtverträge“ machten der Vestischen zu schaffen. Sie beinhalten, dass bei einem Aus- oder Umbau von Straßen und Brücken die Vestische auf ihre Kosten die Straßenbahnanlagen entsprechend neu verlegen musste. Da aber in diesen Jahren der Individualverkehr stark zunahm, wurden viele Straßen erweitert und neue Brücken gebaut – die Kosten explodierten und die Vestische konnte kaum noch mithalten. Zu der Kostensteigerung für die Unterhaltung der Anlagen wurde die Straßenbahn auch wegen der geringen Platzausnutzung in den ländlichen Bereichen zunehmend unwirtschaftlich. Seit 1964 schreibt die Vestische rote Zahlen.

„Ein Schnäpschen in Ehren“ gab es bei der letzten Fahrt der Linie 11 am 29. September 1963.

links:
Die Besiedlungsstruktur des Bedienungsgebietes brachte es mit sich, dass die Vestische viele Überlandlinien betrieb. So wie hier zwischen Herten und Recklinghausen auf Höhe der Wassertürme führte der Weg der Straßenbahnen häufig vorbei an Feldern und Wiesen. (Aufnahme vom 20.9.1972)
(Wolf-Dietmar Loos)

unten links:
So wurde in der Autohalle Datteln bis zur Einführung der zentralen Geldzählstelle in Herten die Tageseinnahme gezählt. Hier sind Renate Döring und der Fahrer Clemens Kükelmann dabei, die errechneten Einnahmen mit den tatsächlichen zu vergleichen. (Aufnahme um 1960)
(Klaus Sziegat)

unten rechts:
Die 1½-Decker der Vestischen wurden erstmals im Frühjahr 1958 angeschafft, 1967 kam der letzte dieser Wagen, die bis 1974 im Einsatz waren.
(Sammlung Heinz Bendix)

Eine Luftbildaufnahme des Betriebshofes Herten vom Frühjahr 1969. Oben rechts steht die Hauptwerkstatt, an deren Front einige Busse abgestellt sind. In der Mitte sind Straßenbahnwagenhalle und die weiß gestrichene Autohalle zu erkennen. Am linken Rand markiert der Schornstein das Maschinenhaus; rechts daneben liegt die Bahnmeisterei.
(freigegeben durch das niedersächsische Wirtschafts- und Verkehrsministerium Hannover Nr. 16/1915/32)

Die 1956 zunächst nur vereinzelte Reduzierung der Straßenbahnlinien wurde ab 1960 verstärkt. Seine größte Ausdehnung erreichte das Straßenbahnnetz Mitte der 50er Jahre mit einer Gesamtlinienlänge von rund 260 km bei 21 Linien. 1956 standen 125 Straßenbahntriebwagen, 70 Beiwagen und 48 Güter- und Spezialfahrzeuge zur Verfügung. Doch der Abbau vollzog sich rasch: Zehn Jahre später fuhren 11 Linien auf 159 km Gesamtlinienlänge mit 86 Trieb- und 8 Beiwagen. 1975 betrug die Linienlänge nur noch knapp 82 km – 49 Triebwagen standen 232 Bussen gegenüber.

Die Reduzierung der Straßenbahnlinien hatte zur Folge, dass die entsprechenden Betriebsanlagen nicht mehr im bisherigen Umfang benötigt wurden. Zudem erforderten neue gesetzliche Bestimmungen bauliche Veränderungen. 1966 wurden in Herten die Straßenbahn- und Bushauptwerkstatt zusammengelegt, der Straßenbahnbetriebshof nach Recklinghausen und Buer verlegt. Zwei Jahre dauerten die Um- und Ausbauarbeiten auf dem Hertener Gelände. In der alten Wagenhalle wurden Lackiererei, Schreinerei und Lehrwerkstatt untergebracht; das Busfahrdienstgebäude wurde abgerissen. Zwei Jahre

Der Autobusschuppen auf dem Betriebshof Bottrop, errichtet 1925, im Jahre 1959 mit den neuesten Magirus-Fahrzeugen, links ein Bus von Krauss-Maffei.

später wurde die Betriebswerkstatt Buer stillgelegt und die Wartung der Fahrzeuge von der Betriebswerkstatt in Bottrop übernommen.

Für den immer größer werdenden Busbetrieb wurden Fahrzeughallen benötigt (1951 Dorsten, 1959 Bottrop), Busbahnhöfe wurden errichtet (1955 Dorsten, 1957 Recklinghausen), und es entstanden reine Busbetriebshöfe (1962 Marl). Zur Konzentration der im Ostvest eingesetzten Busse und Einsparung von Leerkilometern wurde 1954 in Datteln eine Halle angemietet, die drei Jahre später zu einem Busbetriebshof erweitert wurde.

Die Beschäftigten des neuen Betriebshofes Marl schlossen sich dem Kameradschaftsverein Buer an. Bedingt durch die Umstellung auf Busbetrieb ergaben sich auf beiden

links:
Winterliche Impression: der Busbetriebshof Marl im Januar 1970.
(Hans Kuhn)

Eine Ehre für die Vestische: Willy Brandt besuchte 1969 den Betriebshof in Herten. Neben ihm Direktor Karl Steinhart.

Die Linie 7 (Tw 357) auf ihrem Weg von Recklinghausen nach Herten. Mit Blick auf die Zeche Schlägel & Eisen, vorbei an frisch gewaschener Wäsche biegt sie gleich zwischen den Zechenhäusern nach links in die Feldstraße ein. (September 1969)
(Harald Günzel)

Wer erinnert sich noch? So sah die Hertener Straße an der Stadtgrenze Herten-Recklinghausen vor ihrem Ausbau aus. Der Tw 401 überquert gerade die Kreuzung mit der Grubenanschlussbahn. (Aufnahme vom 29.2.1972) *(Harald Günzel)*

Betriebshöfen Veränderungen in der Personalstärke. Deshalb wurde Anfang 1967 der Verein umbenannt in Kameradschaftsverein Buer/Marl.

Durch Fahrpreiserhöhungen wurde wiederholt versucht, die durch angehobene Materialpreise und gestiegene Lohn- und Gehaltstarife entstandenen Kostensteigerungen aufzufangen. Die personelle Situation wurde 1969 durch die Einführung der 43-Stunden-Woche verschärft – fünf Jahre nach der 44-Stunden-Woche. Ende 1968 waren die Schaffner in den Bussen überflüssig geworden, im Sommer 1970 in den Straßenbahnen. Die Gesamtzahl des Personals reduzierte sich von knapp 1.700 (1957) auf knapp 1.100 (1970). Damit fanden die Personaleinsparungen durch Rationalisierungsmaßnahmen weitgehend ihren Abschluss. Zur Kostensenkung auf dem Gebiet der Fahrzeugbeschaffung wurden ab 1969 Standardlinienbusse gekauft, die so genannten „SL I".

Die defizitären Ergebnisse seit der Mitte der 60er Jahre warfen die Frage des Finanzausgleiches durch die 19 Gesellschafter auf. Um das System der Ausgleichszahlungen zu vereinfachen, übertrugen die einzelnen kreisangehörigen Städte ihre Anteile an der Vestischen dem Kreis Recklinghausen. Die Städte Oberhausen und Herne schieden schließlich 1977 auch als Gesellschafter aus der Vestischen Straßenbahnen GmbH aus, so dass nur der Kreis Recklinghausen mit einer Beteiligung von ca. 77% und die kreisfreien Städte Bottrop (mit ca. 12%) und Gelsenkirchen (ca. 11%) übrig blieben.

Der Siegeszug des Busses

Am 20.7.1969 ging Neil Armstrong als erster Mensch auf dem Mond spazieren. Auf der Erde versuchten die „Hippies" mit ihrer Flower-Power-Bewegung die Welt zu verbessern. Entstanden in Amerika, richtete sich der Protest der Bewegung in erster Linie gegen den Vietnam-Krieg der USA und gegen die als dekadent empfundene bürgerliche Gesellschaft. Mit langen Haaren – bei den Männern auch langen Bärten – und Blumenkränzen demonstrierten sie für eine friedliche Welt und die Abschaffung althergebrachter Strukturen. Doch nicht all diese „Blumenkinder" blieben friedlich, aus der Bewegung der Protestler entwickelte sich in Deutschland die Rote Armee Fraktion (RAF), die das Land durch Terroranschläge immer wieder schockierte. Dazu gehörten 1977 die Entführung und Ermordung von Hanns Martin Schleyer und die Entführung einer Lufthansa-Maschine nach Mogadischu. Auch Anschläge ausländischer Terroristen, wie der Angriff arabischer Extremisten auf die israelische Mannschaft der Olympischen Spiele 1972 in München, bewegten die Menschen.

Die negative wirtschaftliche Entwicklung führte Ende 1973 zum Anwerbestopp für ausländische Arbeitnehmer aus Nicht-EG-Staaten. Die Ölkrise und der drastische Rückgang der Stahlproduktion aufgrund der anhaltenden Flaute in der Automobil- und Baubranche hinterließen ihre Spuren. Die steigenden Verluste hatten die öffentlichen Verkehrsunternehmen zu großen Fahrpreiserhöhungen gezwungen. Dagegen entstand zunächst in Hannover und später auch im Ruhrgebiet die Boykottaktion „Roter Punkt": Wer einen roten Punkt auf die Heckscheibe seines Autos klebte, signalisierte damit seine Bereitschaft, bisherige Nahverkehrsnutzer kostenlos mitzunehmen. Auch Straßenbahnschienen wurden von protestierenden Bürgern blockiert. Die Menschen forderten eine Rücknahme der Preiserhöhungen. Fördermittel des Landes und die Befreiung von der Mineralölsteuer nahmen zunächst den Druck von den Verkehrsbetrieben und die Situation normalisierte sich langsam wieder. Die Fahrgäste mussten einsehen, dass Fahrpreiserhöhungen in gewissem Maß unvermeidbar sind.

Unabhängig von Schienen und Leitungen ist der Bus auf der Überholspur, wie hier Mitte der 70er Jahre an der Springstraße in Recklinghausen.

Ebenso zuverlässig wie die Bahnen bringt der Bus die Menschen in die Stadtzentren und zu Freizeitzielen. Diese Fotos stammen aus den 70er Jahren und zeigen den Berliner Platz in Oer-Erkenschwick ...

... und das Freibad am Stimbergpark in Oer-Erkenschwick.

Anfang der 70er Jahre gab es erstmals wieder einen leichten Anstieg der Fahrgastzahlen bei der Vestischen. Weiterhin problematisch blieb der polyzentrische Charakter des Einzugsgebietes mit einem erheblichen Überlandverkehr, der eine relativ geringe Fahrtenhäufigkeit bedingte. Finanziell geriet die Vestische weiter unter Druck. Obwohl das Investitionshilfeprogramm des Landes NRW von 1971 und die Befreiung von der Mineralölsteuer 1972 etwas Erleichterung verschafften, trieb die Ölkrise 1973 die Kraftstoffkosten enorm in die Höhe. Um die ebenfalls steigenden Wasserpreise auffangen zu können und den Wirkungsgrad der Buswaschanlagen zu verbessern, wurden in Marl und Herten zwei Wasserrückgewinnungsanlagen in Betrieb genommen (1975). Zusätzliche Probleme ergaben sich für den Betrieb durch die weitere Arbeitszeitverkürzung. 1971 verringerte sich die Wochenarbeitszeit auf 42 Stunden, 1974 noch einmal um zwei Stunden auf 40 pro Woche.

Viel hat sich seit der Erweiterung des Betriebshofes 1928 verändert. Diese Aufnahme zeigt den Zustand 1975: Die Einfahrt zum Betriebsgelände präsentiert sich ganz modern. Der Turm des alten Pförtnerhauses ist abgebrochen worden; das anschließende Gebäude wurde modernisiert.
(Sammlung Harry Mibes)

1973 wurde der Kamin des Maschinenhauses abgebrochen. Aus diesem Anlass verfasste Mitarbeiter Harry Heide einen salbungsvollen „Nachruf“:

„Errichtet während der Pionierzeit unseres Werkes Anno Domini 1901, war unser Kamin zunächst wenn nicht gerade das Herz, so doch die Lunge des betriebseigenen Kraftwerkes und half mit, unsere modernen Schienenbahnen mit elektrischem Strom zu versorgen, der neuen Energie des gerade angebrochenen Jahrhunderts, […] Zu diesem Behuf standen denn auch unsere […] Heizer Tag und Nacht, Jahr für Jahr, Generation um Generation freudig im Maschinenhaus und schaufelten mit schweißglänzenden, aber frohen Antlitzen pausenlos das schwarze Gold – gefördert von emsigen, nimmermüden Bergmännern aus des Schachtes schwarzer Nacht – in die immer hungrigen Feuermünder der Dampfkessel, und unser Kamin paffte behaglich schwarze Fahnen würzigen Rauches in die blauende Atmosphäre. […] Ein Aufschrei wird durch Herten und die Nachbargemeinden gehen und sich brausend zu der Forderung erheben: ‘Gebt uns unseren Kamin wieder, wir wollen unsern alten, stolzen Schornstein wiederhabn!!!’ Genau das können wir aber nicht tun, denn es läßt sich nicht leugnen: er ist futsch – und hin ist hin.“

Mitte der 70er Jahre fand der hoffnungsvolle Anstieg der Fahrgastzahlen sein Ende. Strukturelle Umschichtungen im Beschäftigungssektor und die steigende Anzahl der privaten Pkw führten zu einer starken Abwanderung der Fahrgäste. Die dadurch bedingten finanziellen Einbußen konnten nicht durch verschiedene Fahrpreiserhöhungen ausgeglichen werden. Damit der „Tarifdschungel“ für die Fahrgäste übersichtlicher wurde, schlossen sich 1976 die Vestische, die Bochum-Gelsenkirchener Straßenbahnen AG, die Herne-Castrop-Rauxeler Straßenbahn, die Betriebe der Stadt Mülheim sowie die Essener Verkehrs-AG zu einer Tarifgemeinschaft zusammen.

Die Linie 1 – Ursprung der Vestischen – kommt im August 1970 aus Recklinghausen am Hauptbahnhof Wanne-Eickel an. Eingesetzt wurde Tw 396, zusammengebaut aus Tw 330 (Bj. 1949, sog. KS-Wagen) und dem Beiwagen 206. *(Wolf-Dietmar Loos)*

Blick auf den Betriebshof Datteln wenige Tage vor seiner Schließung (Aufnahme vom 19.9.1982). *(Wolf-Dietmar Loos)*

Eine kleine Feier wert: die Lieferung des 150. Standardlinienbusses, zugleich des 35. der Firma Büssing, am 4.7.1971. Auf dem Betriebshof Herten diente ein Teil der Fahrzeuge als Kulisse.

Momentaufnahme im September 1972: Auf der Kaiserstraße in Herten, die für jeglichen weiteren Straßenverkehr gesperrt war, drängen sich Straßenbahnen und Busse, um Fahrgäste aufzunehmen.
(Harald Günzel)

oben links:
Große Ereignisse werfen ihre Schatten voraus: Europas zeitweilig größte Gleiskreuzung entstand am Rathaus Buer 1973 im Vorfeld der Fußballweltmeisterschaft im Jahr darauf. Verantwortlich war die Bochum-Gelsenkirchener Straßenbahn, deren Gleise die Vestische mitbenutzte. Im Hintergrund auf einem provisorischen Gleis ein Großraumwagen der Vestischen. (Aufnahme vom 25.11.1973)
(Harald Günzel)

oben rechts:
Immer wieder waren Gleisbauarbeiten erforderlich. Besonders schnell waren die Schienen in der Einfahrt zum Betriebshof verschlissen, so auch in Herten. (Aufnahme vom 9.3.1973)
(Harald Günzel)

1976 wurde trotz der wirtschaftlich schwierigen Situation gefeiert. Am 9.5.1901 hatte der Regierungspräsident in Münster die Genehmigungsurkunde für die Straßenbahnlinie Recklinghausen-Herten-Wanne ausgestellt und damit den Grundstein für die rasante Entwicklung eines öffentlichen Nahverkehrsunternehmens gelegt, das ein enorm großes Gebiet zu versorgen hat. Genau 75 Jahre später konnten viele Tausend Besucher an einem „Tag der offenen Tür" auf dem Hertener Betriebsbahnhof in Augenschein nehmen, was alles dazugehört, um diese Versorgung leisten zu können.

1974 wurde sie fertig: die Standbeheizungsanlage auf dem Betriebshof Marl. Sie macht das Warmlaufen der Fahrzeuge überflüssig.
(Hans Kuhn)

Im Juni 1976 war ein auf Anfrage der Betriebsführung erstelltes Gutachten vorgelegt worden, in dem die Situation der Vestischen Straßenbahnen analysiert wurde hinsichtlich der Wirtschaftlichkeit von Bus und Straßenbahn. Das Ergebnis: *„Die durchgeführte Vergleichsrechnung [...] zeigt, daß auf der Basis der gegenwärtig gültigen Preise und Löhne (1974) der Autobus der Straßenbahn volks- und betriebswirtschaftlich weit überlegen ist.“* Ein wirtschaftlicher Straßenbahnbetrieb war im Grunde nur in der ersten Hälfte des 20. Jahrhunderts möglich, als die Bahn noch die einzige Alternative zum Pferdewagen und zum Fahrrad war. Doch die steigenden Kosten für den Bau und die Instandhaltung von Bahnanlagen, die Konkurrenz mit dem Auto und die wachsenden Personalkosten drängten die Straßenbahn aus ihrer Monopolstellung. Nur die personalsparenden Großraumwagen rechneten sich und auch die nur in großen Metropolen mit hohem Fahrgastaufkommen. Die technisch immer besser ausgereiften Omnibusse überflügelten die Straßenbahn. Sie waren wirtschaftlicher und – weil sie nicht an Schienen gebunden waren – flexibler und ebenso fahrgastfreundlich. Das Gutachten empfahl die schrittweise vollständige Umstellung des Betriebes auf Busse im Zeitraum von sechs Jahren.

Ein Schritt in diese Richtung war der Beschluss des Aufsichtsrates, in Bottrop einen neuen Busbetriebshof zu errichten. Fahrzeuge und Personal aus dem Straßenbahnbereich waren bereits 1975 nach Buer verlegt worden.

Der innerbetriebliche Strukturwandel sowie die erhebliche Beeinträchtigung des Geländes an der Gladbecker Straße durch Bergschäden und Überalterung machten einen Neubau an anderer Stelle notwendig, dessen Planung und Baudurchführung in eigener Regie geleistet wurden. Am 26.7.1978 konnte ein moderner Omnibusbetriebshof auf dem Gelände der ehemaligen Zeche Rheinbaben an der Hiberniastraße in Anwesenheit zahlreicher geladener Gäste eröffnet werden. Wenige Tage später nahmen die ca. 250 Beschäftigten ihre Arbeit dort auf.

Die Anlage umfasst insgesamt 25.000 qm. In der 5.400 qm großen Halle ist Platz für 96 Busse. Eine Fremdheizungsanlage versorgt jedes abgestellte Fahrzeug mit zwölf Litern warmem Wasser pro Minute sowie Luft, um

oben links:
Bei sommerlichem Wetter fanden sich Scharen interessierter Bürger zur 75-Jahr-Feier auf dem Gelände der Vestischen ein.

oben rechts:
Zu bewundern gab es bei den Feierlichkeiten zum 75. Firmenjubiläum auch die Spezialfahrzeuge der Vestischen, die zwischen Bahnmeisterei und Hauptwerkstatt aufgestellt worden waren: zwei Turmwagen, ein Schienenreinigungswagen und ein Unfallhilfswagen.

Gnadenbrot für einen ausgedienten Triebwagen: Der Tw 320, Bj. 1943, hatte seine Schuldigkeit getan und wurde – sehr zur Freude der Kinder – auf einem Spielplatz in Oer-Erkenschwick aufgestellt. (Aufnahme vom 8.9.1972)
(Harald Günzel)

An einem trüben Novembertag im Jahre 1975 fuhr die Linie 1 zum letzten Mal auf dem Teilstück Recklinghausen-Hbf. bis Nordcharweg, wo das Bild entstand. Die Vorboten des Buseinsatzes sind unverkennbar: Die neuen Haltestellenschilder sind bereits aufgestellt. Die Buslinie 70 kann kommen.
(Wolf-Dietmar Loos)

unten links:
Der neue Betriebshof Bottrop wurde mit einem Tag der offenen Tür am 30.7.1978 eingeweiht. Vom Arbeitskorb des Turmwagens bot sich ein Rundblick über das Gelände. Verkehrsübungsplatz und „Feldküche" fanden großen Anklang.

unten rechts:
Der Triebwagen Tw 381 auf der Linie 18 im Mai 1979 am Endpunkt in Bochum-Dahlhausen.
(Sammlung Wüst)

Die vollständige Renovierung des ehemaligen Betriebshofes Bottrop an der Gladbecker Straße lässt noch viele Spuren der ehemaligen Nutzung erkennen: Die Schienen liegen noch auf dem Vorplatz; vom Vorplatzdach ist das Glas zwar entfernt, aber die Konstruktion ist noch erkennbar; aus den Einfahrtstoren für die Straßenbahnen wurden große Glasflächen. Die Wagenhalle beherbergt Gastronomie und Sportstätte. Die übrigen Gebäude wurden zu Wohnhäusern um- oder ausgebaut, ohne die Fassaden wesentlich zu verändern. (Aufnahme vom 25.6.1997)
(Sibylle Brakelmann)

Der Busbahnhof „Marl Mitte“. (Aufnahme vom 7.5.1982)
(Wolf-Dietmar Loos)

den materialverschleißenden Kaltstart zu vermeiden. Tanks für 50.000 Liter Heizöl und 150.000 Liter Dieselöl sowie eine Bus-Waschanlage vervollständigen den Betriebshof.

Was ist aus dem ehemaligen Betriebsgelände geworden? Im Maschinenhaus wurden Wohnungen eingerichtet, das Wohnhaus des Betriebshofsleiters modernisiert. Das Fahrdiensthaus ist zu einem Hotel umgebaut worden und in der Wagenhalle findet man Gastronomie und Sportcenter. Der ehemals überdachte Vorplatz dient als Parkplatz.

Im Januar 1978 erschien ein neuer Bustyp im Straßenbild: Der 16 m lange Gelenkbus hielt Einzug in die Fahrzeugflotte der Vestischen. Bis 1960 durften Busse mit Anhängern fahren, dann wurde dies aus Sicherheitsgründen verboten. Für das entstandene Platzproblem war nun eine Lösung gefunden worden. Der Nachläufer (das ist der Wagenteil hinter

Ein alltägliches Bild: Durch das dichte Gedränge der Autos muss sich die Straßenbahn ihren Weg bahnen – ein nicht immer einfaches Unterfangen, da sie ja nicht ausweichen kann. Einfacher hatte sie es auf Strecken mit eigenem Gleiskörper (möglichst) ohne Kreuzungsverkehr. (Aufnahme vom 20.9.1982, Recklinghausen-Süd, Neumarkt) *(Wolf-Dietmar Loos)*

der „Ziehharmonika", dem Faltenbalg) ist sozusagen der Anhänger, der dem Bus einverleibt wurde. Aufgrund des hohen Platzangebotes (49 Sitz- und 111 Stehplätze) wurden – und werden – diese Busse auf besonders stark frequentierten Strecken eingesetzt.

Unter den Fahrgästen gab es anfangs einige, denen es schwer fiel, sich mit den neuen Bussen anzufreunden. Während der Fahrt fingen die Wagen plötzlich an zu „rumoren". Der Kompressor pumpte Luft. Dann ein Zischen – und es herrschte wieder Ruhe: der Druckregler hatte abgeblasen. Da ist es schon mal passiert, dass ein Fahrer eine Haltestelle anfuhr und von den Wartenden zu hören bekam: *„Nein, in diese laute Kiste steigen wir nicht ein. Wir warten lieber auf einen anderen Bus."* Eine Aufgabe für die Techniker. Die Praxis stellte sie vor manches Problem, doch sie fanden Lösungen, die weniger Lärm, weniger Rütteln und besseren Fahrkomfort für Fahrgäste und Fahrer brachten.

Apropos Fahrer: Auch unter ihnen gab es manchen, der anfangs Schwierigkeiten mit dem langen Ungetüm hatte. Folgendes wird von einem Kollegen berichtet: Alles lief gut, bis – ja, bis diese Rechtskurve kam. Der Kollege war fast um die Ecke gefahren, als es einen ohrenbetäubenden Lärm gab. Sofort bremste er und sah nach rechts hinten. Vor einem Geschäft ragte bis vor wenigen Sekunden eine Markise weit über den Bürgersteig. Jetzt hing sie verbogen nach unten. Der Fahrer hatte für die Kurve nicht weit genug ausgeholt und war der Markise zu nahe gekommen. Aber das waren alles Anfangsprobleme, die sich bald gegeben hatten.

Mit dem Fahrplanwechsel im Mai 1979 wurden zur Entlastung des Fahrpersonals und zur Verkürzung der Standzeiten an den Haltestellen automatische Fahrscheinentwerter in den Fahrzeugen Betrieb genommen.

Fürs Foto aufgestellt: Die ersten neun Gelenkbusse der Firma MAN, die Wagen 2601 bis 2609.

Betriebsumstellung und Mitgliedschaft im VRR

Die achtziger Jahre waren ein Jahrzehnt des Umbruchs. Die Wahl Michail Gorbatschows zum Staatspräsidenten der damaligen Sowjetunion läutete das Ende des Kalten Krieges ein. Die durch seine Politik beginnende Demokratisierung und Öffnung zum Westen hatten den Zerfall des Ostblocks zur Folge, der schließlich die Wiedervereinigung des geteilten Deutschlands ermöglichte. Wo zu Beginn der 80er noch die Friedensbewegung die Menschen gegen das atomare Wettrüsten mobilisiert hatte, standen am Ende des Jahrzehnts die Zeichen auf endgültige Aussöhnung in Europa.
Doch nicht nur auf der Ebene Europas und Gesamtdeutschlands waren dies bewegende Jahre. Auch in Nordrhein-Westfalen kündigte sich ein neuer Aufbruch an: Unter dem Stichwort des Strukturwandels vollzogen sich Veränderungen, die besonders große Auswirkungen für die Menschen im Ruhrgebiet hatten. Die hochsubventionierten Bereiche Kohle und Stahl, die jahrzehntelang Arbeit und Wohlstand gesichert hatten, rechneten sich immer weniger, Zechenschließungen und Arbeitsplatzverluste waren die Folge. Wirtschaft und Politik mussten sich neu orientieren hin zu Dienstleistung und Hochtechnologie, Bildung und Handel. Die Kumpel mussten umdenken und umlernen.

Ein erfolgreicher strukturpolitischer Umbruch erforderte eine leistungsfähige Infrastruktur und ein effektives Nahverkehrsangebot. Um den öffentlichen Personennahverkehr kostengünstiger und attraktiver zu gestalten, schlossen sich 19 kommunale Verkehrsunternehmen – darunter die Vestische – und die Deutsche Bahn AG zum „Verkehrsverbund Rhein-Ruhr“ zusammen. Alleiniger Gesellschafter dieser Institution ist der „Zweckverband Verkehrsverbund Rhein-Ruhr“, dem 19 kreisfreie Städte und fünf Kreise angehören. Die Vestische bedient das nördlichste und flächenmäßig größte Gebiet im „VRR“, der sich bis Solingen im Süden, Dortmund im Osten und westlich bis zur niederländischen Grenze erstreckt. Mit Fahrten zum Nulltarif wurden die Fahrgäste am 1.1.1980 zum Start dieser Gemeinschaft eingeladen. Von diesem Tag an gab es in einem Ballungsraum mit mehr als 7,5 Millionen Einwohnern ein Netz öffentlicher Verkehrsmittel mit einheitlichen Tarifen und Beförderungsbedingungen, einheitlichen Vertriebssystemen und aufeinander abgestimmten Fahrplänen. Was heute für die Fahrgäste selbstverständlich ist, war damals eine Sensation: Man konnte in Düsseldorf einen Fahrschein kaufen und in Recklinghausen damit fahren. Man konnte in Marl einsteigen und bis nach Duisburg fahren, ohne bei einem anderen Verkehrsunternehmen eine neue Fahrkarte lösen zu müssen.

Weithin sichtbarer Ausdruck der Zugehörigkeit zum VRR: Im gesamten Einzugsgebiet der Vestischen wurden die Haltestellenmasten ausgetauscht gegen einheitliche Schilder, hier Beispiel „Flugplatz“ (Loemühle) in Marl. In der untersten Reihe sind das VRR-Zeichen, die Nummer des Haltestellenmastes, das Tarifgebiet (Wabe 152) und das Signet der Vestischen aufgeführt. Informationen zum Linienverlauf und zu den Tarifen findet der Fahrgast zusätzlich zu den Abfahrtszeiten auf den beiden Tafeln in der Mitte des Mastes.

Einer der letzten seiner Art: Der SL II von Magirus Deutz (260 SH 110) wurde am 30.11.1981 zugelassen. Im Sichtfeld oberhalb der geteilten Frontscheibe erscheint auf einem Rollband die Zielhaltestelle.

Fast 1,5 Millionen Informationsprospekte wurden verteilt, um die Fahrgäste auf die neuen Linienbezeichnungen, die neuen Fahrpläne und Tarife vorzubereiten. Tausende Haltestellen im Verbundgebiet wurden umgerüstet und nach einem einheitlichen Schema bestückt.

Nun war die Vestische Mitglied im Verkehrsverbund Rhein-Ruhr, dem größten Verkehrsverbund Europas. Seitdem ist es die Gemeinschaft, die Tarifgebiete festlegt, Fahrpreise bestimmt und Einnahmen verteilt. Seit der Gründung des VRR werden die Verluste, die bei den Einzelbetrieben anfallen, über eine Zweckverbandsumlage getragen, verbundspezifische Einnahmeausfälle trägt das Land NRW. Dies garantierte den Verkehrsunternehmen erstmalig eine vertraglich abgesicherte Verlustabdeckung.

Für die Kunden bedeutete die Vereinheitlichung der Tarife günstigere Fahrscheinpreise, für das Unternehmen jedoch – trotz zunächst steigender Fahrgastzahlen – Einnahmeverluste.

Der Busbahnhof Recklinghausen am 17.9.1982. Wenige Tage später werden die Busse anders herum an den Halteinseln stehen. Links am Bildrand erhebt sich heute das Arbeitsamt.
(Wolf-Dietmar Loos)

Neben der Mitgliedschaft im Verkehrsverbund Rhein-Ruhr gab es weitere tiefgreifende Veränderungen bei der Vestischen durch die Umstellung auf den reinen Busbetrieb. Am 30.5.1981 wurde das Reststück der Linie 210 Recklinghausen-Herten, 80 Jahre zuvor Teil der ersten Linie der Vestischen, stillgelegt. Eine der letzten Fahrten (fünf Stunden vor dem fahrplanmäßigen Ende) organisierte der Verkehrsverein Hochlar als kleines Volksfest. Mehrere Hundert Bürger empfingen an der Gaststätte Vauth die mit schwarzen Bändern und Grün geschmückte Straßenbahn. Die Schützenkapelle brachte ein Abschiedsständchen.

Der letzte Wagen der Linie 305 Recklinghausen-Herne fuhr am 3.10.1982 um 1.10 Uhr in den Betriebshof Recklinghausen ein. Viele Straßenbahnfreunde aus dem gesamten Ruhrgebiet und sogar aus Belgien waren am letzten Tag dabei. Fahrer Paul Ollmann verkaufte in der überfüllten Straßenbahn handsignierte Fahrscheine. Kurz unterbrochen werden musste die Fahrt, als ein Gastwirt den Zug stoppte und eine Runde Bier spendierte. Mit der Einfahrt des Tw 389 in das Depot Recklinghausen ging die Straßenbahnära der Vestischen und damit des nördlichen Ruhrgebietes zu Ende. Noch in derselben Nacht wurden die neuen Bushaltestellenschilder montiert.

Auf dem Betriebshof herrschte noch für eine Weile reges Treiben. Die restlichen Sechsachser-Gelenkwagen waren an die Verkehrsbetriebe in Lille verkauft worden und wurden auf Tieflader gehievt, auf denen sie in ca. 20-stündiger Fahrt ihren Bestimmungsort erreichten, an dem sie noch viele Jahre im Einsatz waren. Nach dieser Aktion wurde noch aufgeräumt und gefegt. Das Depot in Recklinghausen wurde verkauft und zu einem Sport- und Geschäftszentrum umgebaut. Die äußere architektonische Gestaltung wurde beibehalten.

Der Straßenbahnbetriebshof Buer sowie die Busbetriebshöfe Marl und Datteln wurden 1982 ebenfalls geschlossen. Die Anlagen in Marl und Datteln wurden abgerissen. In die

Buerschen Hallen zogen zunächst Geschäfte ein, die große Flächen benötigen. Später wurden auch sie abgerissen.

Die bisher getrennten Kameradschaftsvereine Buer/Marl und Herten sowie der Straßenbahnerverein Recklinghausen schlossen sich am

oben links:
Unbemerkt geht keine Straßenbahnlinie in den Ruhestand, dafür sorgen Fans und Freunde. Hier ist es die Linie 210, die nach 80 Jahren Fahrt durch Hochlar verabschiedet wird.
(Wolf-Dietmar Loos)

oben rechts:
Noch gibt es sie im Straßenbild: die Bahnen der Vestischen. Hier am Bahnhof Herne trifft die Linie 305 (Tw 389) auf Busse der Straßenbahn Herne-Castrop-Rauxel (Mitte) und der Bochum-Gelsenkirchener Straßenbahnen (links). (Aufnahme vom 20.9.1982)
(Wolf-Dietmar Loos)

Es war der Tw 389, dem die Ehre gebührte, als letzter in den Betriebshof Recklinghausen eingefahren zu werden. Viele Fans hatten sich versammelt, um Abschied zu nehmen und dieses Ereignis – wie hier am Bahnhof Herne – fotografisch festzuhalten.
(Wolf-Dietmar Loos)

Ein Stadtbild verändert sich: Direkt im Anschluss an die endgültige Einstellung des Straßenbahnbetriebes wurden überall im Bedienungsgebiet die letzten Fahrleitungen demontiert und Gleise abgebaut. Hier ein Blick in die Springstraße am Hauptbahnhof Recklinghausen. (Aufnahme vom 5.10.1982) *(Wolf-Dietmar Loos)*

Noch „schwebt" der Straßenbahnwagen über der Ladefläche des Tiefladers. Alles muss genau passen, damit sich der Tw 379 während seiner weiten Reise nach Frankreich nicht selbstständig machen kann. *(Wolf-Dietmar Loos)*

1.10.1982 zum Kameradschaftsverein Herten zusammen. Der Bottroper Verein blieb davon unberührt. Im Angebot sind Feste für die Gesamtbelegschaft, Ausflüge für die Rentner, Kinderfeste, Skat- und Doppelkopfturniere. Seit 1982 bilden auch die Sportvereine Herten und Buer/Marl eine Einheit. Die Mitglieder können wählen zwischen Tischtennis, Frauengymnastik, Tennis, Kegeln, Fußball, Angeln und Modellbau (Straßenbahnen und Busse).

Ein Umbau der vorhandenen Anlagen in Herten zu einem Busbetriebshof wäre technisch zwar möglich gewesen, doch die Lage mitten in einer Wohnbebauung war – für einen Betrieb mit mehr als 250 Fahrzeugen, in dem rund um die Uhr gearbeitet wird – sehr ungünstig. Dasselbe galt für den Betriebshof

Ein letzter Blick auf einen Straßenbahnwagen (Tw 377) im Kreis Recklinghausen an der Auffahrt der BAB 2 Recklinghausen-Süd. (Aufnahme vom 14.10.1982) ***(Wolf-Dietmar Loos)***

Marl, der ursprünglich auf einer Freifläche errichtet worden war. Die Suche nach einem geeigneten zentralen Standort für die Einsatzgebiete Herten, Marl, Recklinghausen und das Ostvest wurde zugunsten von Herten-Scherlebeck entschieden. Eine hausinterne Arbeitsgruppe (nur in wenigen Fragen wurden auswärtige Fachingenieure hinzugezogen) entwickelte den Plan für die Anlage.

Nach 2½ Jahren Bauzeit war es soweit: Am 1.10.1982 konnte der neue Betriebshof eröffnet werden. Zunächst durfte ein illustrer Kreis geladener Gäste den Neubau in Augenschein nehmen. Zwei Tage später strömten Kunden, Fans und solche, die beides noch werden wollten, auf das Gelände. Ein „Tag der offenen Tür" erlaubte einen Einblick in den Betrieb. Auf dem 92.000 qm großen

Der ehemalige Betriebshof Recklinghausen an der Castroper Straße ist ebenfalls noch wiederzuerkennen. Die bauliche Grundstruktur, die durch die farbliche Gestaltung betont wird, ist unwesentlich verändert worden. Läden und Gastronomie beherrschen das Bild. (Aufnahme vom 8.8.1997) ***(Sibylle Brakelmann)***

Auf Anhieb nicht sofort zu erkennen: Auf diesem Acker in Herten-Scherlebeck zwischen Langenbochumer und Westerholter Straße, der im Winter 1969 in tiefer Stille liegt, ... *(Harald Günzel)*

Grundstück stehen zwei Hallen, die Abstellplätze für 200 Busse bieten. Der Werkstattbereich ist für 300 Busse ausgelegt, da die in Bottrop stationierten Fahrzeuge ebenfalls in Herten betreut werden. Ähnlich wie in Bottrop gibt es eine Druckluft- und Heizungsanlage, die einen Warmstart der Fahrzeuge ermöglicht. 30.000 qm Grünfläche umschließen die Betriebsanlagen aufgrund von bautechnischen Auflagen und Anforderungen an den Lärmschutz für das anliegende Wohngebiet.

Die Beschäftigten der Vestischen hatten für den Tag der offenen Tür keine Mühen gescheut, um ein informatives und unterhaltsames Programm anbieten zu können. Speis' und Trank gab es zu kundenfreundlichen Preisen: Erbsensuppe 2 DM, Würstchen 1 DM, Waffel 50 Pf, Glas Cola, Fanta oder Bier 50 Pfg. Gerechnet hatte man bei der Vestischen mit höchstens 5.000 Besuchern – es kamen mehr als 24.000 Gäste, die wegen der Hitze bald den Vorrat an Getränken aufgebraucht hatten. Doch was wäre die Vestische ohne das Improvisationstalent ihrer Leute? Nachschub ließ nicht lange auf sich warten.

Auf dem alten Hertener Betriebshof rückten Ende November die Abrissbagger an. Die einzelnen Bestandteile (Metalle, Steine, Beton) wurden zur Weiterverwendung aus-

...erfolgt am 14.2.1980 der erste Spatenstich durch Direktor Schüller für den neuen Zentralen Betriebshof der Vestischen. Mit vorn dabei sind Direktor Steinhart (links) und der Hertener Bürgermeister Willi Wessel (Mitte).

Endlich ist der Neubau fertig! Am 1.10.1982 bietet sich dem Besucher von der Westerholter Straße aus zunächst der Blick auf das Verwaltungsgebäude.

Dichtes Gedränge herrschte am 3.10.1982, als die Vestische mit einem Tag der offenen Tür ihren neuen Betriebshof der Öffentlichkeit vorstellte.

Der Gedenkstein für die gefallenen Mitarbeiterinnen und Mitarbeiter der Vestischen Straßenbahnen, der auf dem alten Betriebshof Herten direkt links vom Einfahrtstor stand, hat im Rahmen der Sanierung und Bebauung des Geländes seinen Platz am AWO-Kindergarten gefunden. (Aufnahme vom 15.9.1997) ***(Sibylle Brakelmann)***

sortiert. Übrig blieben nur das Maschinenhaus und das ehemals als Verwaltungsgebäude dienende Wohnhaus, die in die Sanierungspläne für das Gelände einbezogen wurden. Heute erinnert inmitten der neuen Wohnbebauung nichts mehr an die Vestische. Nur wer genau hinsieht, entdeckt den Gedenkstein für die in den beiden Weltkriegen gefallenen Mitarbeiter – hinter dem AWO-Kindergarten.

Als besonders problematisch stellte sich die Beseitigung des alten Bunkers heraus: Auf einer Fläche von 10 x 20 m reichte er 1,5 m tief in die Erde hinein und ragte gut 2,5 m aus ihr heraus. Die Abbruchbombe reichte nicht – Dynamit musste her. Im Januar 1983 machten mehrere Sprengungen ihm den Garaus.

Nach dem vollzogenen Umzug in die neuen Betriebshöfe und die Umstellung des gesamten Betriebes auf Busse wurde die zunehmende Anzahl von Fahrgästen ohne gültigen Fahrausweis besonders in den Abendstunden zum Problem. Um dem entgegenzuwirken, gab es ab März 1984 für die

Achtung! Hier kommt der Bus! – Besondere Aufmerksamkeit seitens der Busfahrerinnen und Busfahrer erforderte der Einsatz anlässlich der Cranger Kirmes. *(Wolf-Dietmar Loos)*

Fahrgäste eine Neuerung: Ab 20 Uhr durfte nur noch vorn eingestiegen werden bei gleichzeitiger Fahrscheinkontrolle durch den Fahrer.

1987 übernahmen die Vestischen Straßenbahnen auf Wunsch der Kreisverwaltung den Geschäftsanteil des Kreises Recklinghausen am Verkehrslandeplatz Loemühle (99% des Stammkapitals). Um Einsparungseffekte zu erzielen, wollte die Kreisverwaltung alle Verkehrseinrichtungen, die dem Kreis gehörten, unter einer Regie wissen. Im selben Jahr demonstrierte die Vestische wieder ihre Offenheit für innovative Ideen mit der Einführung einer Fahrradbuslinie von Wanne-Eickel nach Haltern. Auf umweltfreundliche Weise sollten Radfahrer mit eigens dafür umgebauten Bussen in die nahen Erholungs-

Auf dem Weg in die Natur mitten im Ruhrgebiet: der Fahrradbus der Vestischen. (Aufnahme vom 28.8.1994) *(Wolf-Dietmar Loos)*

Der SB 26 von Recklinghausen über Marl nach Dorsten ging 1987 an den Start. Auffallend ist die einteilige Frontscheibe. Als StädteSchnellBus ist das Fahrzeug von Neoplan (Neoplan Auwärter N 416) besonders komfortabel ausgestattet. Im Inneren ermöglichen Sitze mit hoher Rückenlehne und Beinfreiheit den Fahrgästen ein bequemes Sitzgefühl. Die äußere Lackierung zeigt die anfängliche Farbgebung.

gebiete gelangen. Leider wurde das Angebot zu wenig genutzt und musste wieder eingestellt werden.

1987 begann auch der Einstieg in das Schnellbusnetz mit der Einführung der ersten StädteSchnellbusLinien im VRR-Gebiet. Die erste SB-Linie, die die Vestische betrieb, war der SB 26 zwischen Dorsten und Recklinghausen. Als schnellstes Busangebot verbinden die StädteSchnellBusse Städte, die nicht ans Personennahverkehrsnetz der Bahn angeschlossen sind. Da die SB-Busse nur an den großen Umsteigehaltepunkten anhalten, bieten sie kurze Fahrtzeiten zum Vorteil der Kunden. Das SB-Konzept der Vestischen, das Elemente wie Fahrplangestaltung und Marketing einschloss, wurde 1992 mit dem Gütesiegel Bus & Bahn ausgezeichnet.

Einer der ersten Niederflurbusse der Vestischen aus dem Hause Neoplan (mit nach außen schwenkbaren Türen) steht hier am ZOB Berliner Platz in Bottrop. (Aufnahme vom 5.6.1988)
(Wolf-Dietmar Loos)

1988 wurde das Schnellbusangebot durch die Einführung von City-Express-Linien im VRR erweitert. Diese Schnelllinien verbinden die Stadtteile mit den Stadtzentren. Die CE-Busse halten nur an den viel frequentierten Haltestellen und Umsteigepunkten. So ermöglichen sie schnelle Fahrtverbindungen aus den Außenbezirken in die Innenstädte. Der erste CityExpress der Vestischen war der CE 55, der ab dem 30.6.1991 zwischen Buer, Gladbeck und Bottrop verkehrte.

Doch trotz aller Bemühungen um attraktive Linienangebote blieb bis dato ein Problem ungelöst: Die hohen Stufen der Busse erschwerten mobilitätsbehinderten Fahrgästen und Eltern mit Kinderwagen den Zutritt zu den Fahrzeugen. Die Vestische begann in den achtziger Jahren, dieses Problem konsequent in Angriff zu nehmen und läutete mit ihrem Engagement die Ära der Niederflurbusse ein. Dieses Engagement entwickelte sich zu einem Bravourstück, das weltweite Auswirkungen hatte und dem in diesem Buch ein eigenes Kapitel gewidmet ist.

Die Vestische erhielt ihren zehnten Niederflurbus der Firma Neoplan im Oktober 1989, von MAN kam zu diesem Zeitpunkt der erste. Ein Ereignis, das mit einem Tag der offenen Tür für aktive und ehemalige Mitarbeiter und ihre Familienmitglieder gewürdigt wurde.

Die politischen Veränderungen im Zuge der deutschen Wiedervereinigung führten im Januar 1990 zu einer ungewöhnlichen Aktion: Die Vestische verkaufte zehn Linienbusse an das Land Nordrhein-Westfalen, das diese wiederum den Leipziger Verkehrsbetrieben zur Verfügung stellte. Überbracht wurden sie Mitte des Monats von Mitarbeitern der Vestischen, die ihre Leipziger Kollegen in das technische Know-how einweihten. Eine ähnliche Aktion wurde mit sechs Bussen für Altenburg (Bezirk Leipzig) durchgeführt.

Sie bringen die Busse sicher über die knapp 600 km lange Strecke nach Leipzig: Meister Wolfgang Knepper (links), Richard Stania, Frank Ertmer, Sigmund Wagnetz (hinten), Paul Frevel, Alfons Krump (hinten), Bernhard Strothenke, Dieter Schäfer und Helmut Sombecki. Mit dabei auch Geschäftsführer Georg Aigner (rechts). ***(Klaus-Dieter Gloger)***

Eine Idee setzt sich durch: Niederflurbusse

Bis fast zum Beginn der 60er Jahre des 20. Jahrhunderts wurden die Busse auf Lkw-Chassis aufgebaut. Auch alle sonstigen Techniken entsprachen denen der Lkw. Mit der Einführung der Gitterbauweise, ob Verbundkonstruktion oder Röhre, begannen sich busspezifische Entwicklungen durchzusetzen. Die diversen Hersteller – es gab zu dieser Zeit in Deutschland noch mehrere Dutzend davon – bauten die Busse zwar nach eigenen Konstruktionsgrundsätzen, aber der technische Weg ging doch in die gleiche Richtung.

Im Jahre 1968 begann der Verband öffentlicher Verkehrsbetriebe (VÖV, heute VDV: Verband deutscher Verkehrsunternehmen) in Zusammenarbeit mit den führenden Linienbusherstellern, einen Standardlinienbus, den SL I, zu entwickeln. Die Vestische kaufte 1969 zusammen mit den Essener Verkehrsbetrieben (EVAG) gleich 120 Stück dieser Wagen – jeder 60 – zu einem Preis von heute unvorstellbaren 63.000 DM je Bus. In den Jahren 1982/83 wurde auf den SL I aufbauend der Folgetyp des Standardlinienbusses, der SL II, wiederum gemeinsam entwickelt.

Die Verkehrsbetriebe haben über die Jahre hinweg die Entwicklung der Busse durch ständige Verbesserungsvorschläge, Erprobungen usw. beeinflusst. In verschiedenen Bereichen konnte die Vestische innovative Lösungen verwirklichen. Genannt sei hier zunächst die Entwicklung der Zentralelektrik, die aus den modernen Fahrzeugen nicht mehr wegzudenken ist. Dazu zählt ebenso die Entwicklung einer Pumpspeicherbremse für rein hydraulische Systeme, die zu der Zeit, als die Druckluftanlagen im Fahrzeug noch problematisch waren, ein Weg zur Problemlösung hätten sein können. An die Stelle der vielen Wasserschläuche und Messingrohre, die einen Bus durchzogen, setzte die Vestische durchgehend vernetzte Kunststoffrohre ein, die heute Serie bei vielen Fahrzeugherstellern sind.

Ein besonderes Augenmerk wurde schon beim SL II auf die Versorgung des Fahrgastraumes mit Frischluft und auf eine optimale Wärmeverteilung für alle Fahrgastplätze

Für viele Fahrgäste ein nur schwer überwindbares Hindernis: Die hohen Stufen der Standardlinienbusse.

„Ein kleiner Schritt für einen Menschen" – so geht's leicht!

gelegt. Messungen im Klimakanal gehörten genauso zu dieser Entwicklungsarbeit wie theoretische Grundsatzbetrachtungen. Ergebnis dieser Arbeiten war das moderne Dachheizungssystem, mit dem die Wagen der Vestischen seit dieser Zeit auch bei „Sauwetter" mit beschlagfreien Scheiben fahren. Im Zusammenhang mit der Weiterentwicklung des Niederflurbussystems konnten auch die Schwenkschiebetür und die druckluftbetriebene Scheibenbremse auf Initiative und mit dem Druck der Vestischen Serienreife erlangen.

Dies sind, wie erwähnt, natürlich nur die bedeutenderen partiellen Entwicklungen, die durch den Einsatz der Vestischen zur Serienproduktion für die Branche gelangt sind. Das Herausragende, das die Vestische bis ins Detail mitentwickelt hat und das heute weltweit zum Wohle der Fahrgäste Anwendung findet, ist das Niederflurbussystem. System deshalb, weil neben dem Fahrzeug auch das Haltestellenumfeld davon betroffen ist.

Der bis 1988 im Linienverkehr ausschließlich eingesetzte Bus hatte drei Stufen, deren Höhe zum Teil beträchtlich war. Von der Fahrbahnfläche bis zur ersten Stufe betrug der Abstand mindestens 32 cm. Rechnete man davon die übliche Bordsteinhöhe von 12 cm ab, so verblieben dem Fahrgast immerhin 20 cm als Einstiegsstufe. Aber eben nur direkt an einem Bordstein. Fehlte dieser oder konnte der Bus z.B. wegen parkender Autos nicht bis an den Bordstein herangefahren werden, blieb der Höhenunterschied bestehen. Ebenfalls jeweils 20 cm hoch waren die zweite und dritte Stufe im Bus. Der Fußboden befand sich also mindestens 72 cm über der Fahrbahnoberfläche. Durch die Verwendung kleinerer Reifen und andere konstruktive Verbesserungen konnte diese Fußbodenhöhe auf ca. 55 cm verringert werden, wodurch die zweite und dritte Stufe niedriger wurden. Der Fahrgast musste aber weiter „Treppen steigen" - durchaus ein Problem für ältere und gehbehinderte Mitbürger und Leute mit Kinderwagen oder großem Gepäck.

Nun kam im Jahre 1987 die Firma Neoplan zu der Ausstellung, die am Rande des UITP-Kongresses in Lausanne stattfand und präsentierte der Welt einen Niederflur-Gelenkbus, den die Stadtwerke München in Auftrag gegeben hatten. Dieser Bus hatte nur die schon erwähnte erste Stufe mit 32 cm über der Fahrbahnoberfläche und dann keine Stufe mehr. Hinzu kam, dass sich dieser Bus vor den einstiegswilligen Fahrgästen „verneigen" konnte. Technisch ausgedrückt heißt das: Der Bus senkt sich rechtsseitig um ca. 8 cm ab, weil die Luft aus den Federbälgen – luftgefüllten Gummibällen vergleichbar – entweichen kann (Kneeling). Um den Bus zurück ins Lot zu bringen, werden die Federbälge wieder mit Luft gefüllt. Im Inneren gab es noch viel zu bereinigen, um einen harmonischen Fahrgastraum zu erhalten, aber es wurde deutlich, dass es technische Möglichkeiten gab, das Ein- und Aussteigen zu erleichtern.

Der VÖV hatte gerade erst in Zusammenarbeit mit der Industrie, auch mit Neoplan, den SL II fertiggestellt. Man kann unschwer nachvollziehen, dass für das neue Projekt, ja für diese Idee, bei den Verbandsvertretern und den Konkurrenten von Neoplan wenig – um nicht zu sagen gar keine – Liebe vorzufinden war. Entsprechend deutlich fielen die Kommentare der Anwesenden bei der Präsentation aus.

In dieser Situation fasste der ebenfalls auf dem Kongress weilende Geschäftsführer der Vestischen, Georg Aigner, der zu dieser Zeit auch noch die Geschicke der Verkehrspolitik im Lande NRW als Landtagsabgeordneter dominierte, spontan den Entschluss, drei Normalbusse, also 12 m lange Zweiachser, in Niederflurbauweise bei Neoplan in Auftrag zu geben. Zu Hause wurde diese Entscheidung stolz verkündet. Auf den Einwand des damaligen Betriebsdirektors Ulrich Rogat, dass es solche Fahrzeuge doch noch gar nicht gebe, hatte Aigner nur die lakonische Antwort: „Du wirst schon dafür sorgen, dass dies Vergangenheit ist." Der Auftrag war also da, es musste gehandelt werden. Und es wäre falsch, nicht zuzugeben, dass dies eine phantastische Herausforderung für jeden Ingenieur war und auch sein musste. An der Realisierungsmöglichkeit wurde keine Sekunde gezweifelt.

In Anlehnung an den Münchener Gelenkbus wurde der Niederflurlinienbus (NL) konzipiert. Da die Vestische auch Rollstuhlfahrer mit diesem neuen Fahrzeugtyp befördern wollte, wurde wie beim Gelenkbus ein Hublift im Bereich der Vordertür eingebaut. Die Innenraumgestaltung wurde auf die Mitnahme von Rollstühlen und Kinderwagen ausgerichtet. Nun konnte aber niemand die tatsächliche Nachfrage einschätzen. Um die Bereitschaft der Rollstuhlfahrer zur Nutzung des ÖPNV zu beweisen, musste eine Linie ausgesucht werden, die sich einerseits als normale Stadtlinie darstellte, andererseits aber gerade in ihrer Bewegungsfreiheit eingeschränkte und ältere Fahrgäste in überdurchschnittlichem Maß erwarten ließ. Mit der Linie 263 in Bottrop wurde eine gefunden, die an zwei Krankenhäusern und drei Altenheimen Haltestellen hat. Man entschied, diese Linie komplett mit Niederflurbussen zu besetzen. Das bedeutete aber, dass zusätzlich zu den bestellten drei Fahrzeugen drei weitere nachbestellt werden mussten, denn die Linie hat fünf Kurse, und ein Reservefahrzeug war wohl vonnöten.

Zeitgleich mit der Auslieferung des ersten Busses wurde von der Vestischen ein Beirat einberufen, der aus Delegierten des Landes, der Stadt Bottrop und aus Vertretern der Fahrgäste, die mit diesem Produkt besonders erreicht werden sollten, bestand. Unter den Fahrgästen waren gleichermaßen ältere Leute, Rollstuhlfahrer und Eltern mit Kinderwagen. Die Sammlung von praktischen Erfahrungen ist immer wertvoller als bloße Diskussionen.

Das Ergebnis der gemeinsamen Arbeit auf den Punkt gebracht lautete:
- Der Niederflurbus bringt grundsätzlich viele Vorteile für alle Fahrgäste.
- Der Lift oder eine Rampe für Rollstuhlfahrer ist nicht erforderlich, wenn die Bordsteine an den Haltestellen etwas erhöht werden können, der Bus nah genug an die Bordsteinkante heranfährt und das Fahrzeug an jeder Haltestelle automatisch abgesenkt wird.

Die drei nachbestellten Busse erhielten also keinen Lift. Für mehr Veränderungen war die Zeit zu knapp, und es fehlten ja auch die Praxiserfahrungen.

Am 2. Juni 1988 war es dann soweit: Landesverkehrsminister Dr. Zöpel ließ es sich nicht nehmen, die Jungfernfahrt des ersten Niederflurlinienbusses der Welt mitzuerleben. Nach dieser Demonstrationsfahrt wurden die anderen Niederflurbusse in den Linienverkehr eingeführt. Die Erfahrungen mit diesem Bustyp waren so positiv, dass die Geschäftsführung schon im Oktober 1988 entschied, bei der Vestischen nur noch Niederflurbusse zu beschaffen.

Zusammen mit der Firma Neoplan konnte die Weiterentwicklung in einem Eiltempo realisiert werden, von dem niemand in der

Voller prominenter Gäste und begleitet von der Presse geht der erste Niederflurbus der Linie 263 auf Fahrt.

links:
Ein Hindernis...

rechts:
...aus dem Weg geräumt: Bitte Einsteigen!

Branche auch nur zu träumen gewagt hätte. Über die Reduzierung der Podesthöhe, auf denen die Sitze befestigt sind, auf Treppenstufenhöhe, die Vereinfachung der Achsen, die Verbreiterung des Durchgangs zwischen den Radkästen usw. bis zum Quereinbau des Motors wurde der Bus so verändert, dass er letztendlich in der Innenraumgestaltung und Fahrgastfreundlichkeit dem SL II gleich war. Aber: ohne Stufen!

Unmittelbar nachdem die ersten Niederflurbusse auf deutschen Straßen rollten, unterstützte der Bundesverkehrsminister eine Akzeptanzstudie für diesen Wagentyp mit dem Ziel, die rasche Verbreitung zu fördern. Das Ergebnis war auf allen untersuchten Gebieten überwiegend positiv.

Das Bundesverkehrsministerium beauftragte nach Abschluss dieser Akzeptanzstudie die Vestische, eine Lösung für die Einhaltung eines minimalen seitlichen Abstandes zwischen Bus und Haltestelle zu erarbeiten. Denn es zeigte sich immer deutlicher, dass bei erhöhten Bordsteinen – auch wenn es nur 16 oder 18 cm sind – die Fahrer Probleme haben, nahe genug heranzufahren. Die Angst vor einer Beschädigung des Wagens mag dafür eine Ursache sein. Nach der bewährten Methode „Aus der Praxis für die Praxis“ wurde mit Hilfe von Fahrzeug-, Reifen- und Bordsteinherstellern und unter Beteiligung von Experten aus Hochschulen, Instituten und Verbänden eine eigentlich simple Lösung gefunden: Der Bus wird über die Reifenflanke am entsprechend abgeschrägten und geglätteten Bordstein entlang geführt. Reifen und Bordstein nehmen dabei keinen Schaden.

Mit Freude konnten die Verantwortlichen feststellen, dass diese einfache, aber wirkungsvolle Lösung in der ganzen Bundesrepublik sowohl bei den Verkehrsunternehmen als auch bei den Städten auf ein enormes Echo stieß und entsprechende Verbreitung fand und findet.

1992 wurden die ersten 17,45m langen Niederflur-Gelenkbusse von Neoplan mit 270 bzw. 320 PS geliefert, die 51 Sitz- und 102 Stehplätze bieten. Alternativ zu diesen Fahrzeugen wurde der Megatrans erneut in enger Zusammenarbeit zwischen der Vestischen und der Firma Neoplan entwickelt. Der Megatrans hat bei einer Länge von 15 m kein Gelenk und kann 44 Sitz- und 86 Stehplätze vorweisen. In diesem Projekt hatte die Vestische die ehrenvolle Aufgabe, für die Ministerien eine Praxisstudie über die Einsatzmöglichkeiten dieses überlangen Einzelfahrzeuges zu erstellen, die dann Basis für die allgemeine Zulassung von 15-Meter-Bussen in der EU war. Premiere hatte dieser Bustyp im Februar 1996 auf der Linie 205 von Recklinghausen nach Herne. Neben Den Haag waren dies weltweit die ersten Städte, in denen die zukunftsweisende Technologie eingesetzt wurde. Auch bei diesem Wagentyp genießen die Fahrgäste den Vorteil des stufenlosen Einstieges an allen drei Türen und des durchgängig stufenlosen Innenbereiches.

Eine Besonderheit in der Sparte der Niederflurbusse stellen die Fahrzeuge mit diesel-

**links:
So funktioniert das System: Der abgeschrägte, erhöhte Bordstein ermöglicht das passende Anfahren der Haltestelle.**

Pause am Busbahnhof Recklinghausen: Der Megatrans als Alternative zum Gelenkfahrzeug eingesetzt auf der Linie 205, mit drei Türen. (Aufnahme vom 29.2.1996) ***(Wolf-Dietmar Loos)***

Ein Neuling in der Flotte der Vestischen, der DE 2301, an der Haltestelle Berliner Platz in Oer-Erkenschwick. (Aufnahme vom 22.7.1996) ***(Wolf-Dietmar Loos)***

elektrischem Antrieb „DE" dar. Dieser Antrieb besitzt einen eigenen Kreislauf von Stromerzeugung, -übertragung, -nutzung und -rückführung im Fahrzeug. Der Dieselmotor treibt einen Generator an und der so erzeugte Strom wird über eine Leistungselektronik an die Radnabenmotoren weitergeleitet. Die Vestische unterstützte die Entwicklung der DE-Busse, um im Kreis Recklinghausen, wo die DE-Komponenten produziert werden sollten, Arbeitsplätze zu schaffen und durch die Entkopplung von Motor, Getriebe und Achse einen totalen Niederflurbus zu erhalten. 1994 gingen die ersten DE-Busse auf Linie.

Für ihre maßgebliche Beteiligung an der Entwicklung des Fahrzeugtyps „Metroliner" (MIC) erhielt die Vestische 1991 eine Anerkennung im Rahmen der Aktion „Gütesiegel Bus & Bahn", die der Kommunalverband Rhein-Ruhr im Jahr zuvor ins Leben gerufen hatte. Hervorgehoben wurden diese Niederflurfahrzeuge einerseits wegen ihrer Bequemlichkeit sowie Behinderten- und Kinderwagenfreundlichkeit, andererseits hinsichtlich ihrer Sicherheit sowie Energie- und Materialersparnis. Der 10,5 m lange Wagentyp, der bei der Vestischen seit 1990 im Einsatz ist, besteht zum Teil aus Carbon-Fasern, wodurch er ungefähr ein Drittel leichter ist als ein vergleichbarer 12 m langer Bus in Stahlbauweise. Durch das geringere Gewicht liegt sein Kraftstoffverbrauch erheblich unter den Stahlbussen.

Es ist nicht alltäglich, dass ein Anwender-Unternehmen und dann noch mit den gleichen handelnden Personen in einer so kurzen Zeit von ca. sieben Jahren ein System von der Idee bis zur weltweiten Serienproduktion in hohem Maße mitgestalten kann und darf. Es ist umso erstaunlicher, wenn noch hinzukommt, dass damit der Weg bis zur abgasfreien Energielieferung zu den Radmotoren vorbereitet worden ist. Die dieselelektrisch angetriebenen Busse mit den inzwischen

Auch von innen präsentiert sich der DE fortschrittlich: der neue Fahrerarbeitsplatz, hier noch mit einem Probesitz. An der Entwicklung war die Vestische maßgeblich beteiligt. Der gesamte Bereich ist nach ergonomischen Gesichtspunkten gestaltet worden. Der Sitz ist in alle Richtungen individuell einstellbar. Die Armaturentafel ist in der Höhe verstellbar; gleiches gilt für ihren Neigungswinkel. Die Anzahl der Signalisierungen wurde minimiert; im Display erscheinen Piktogramme und erläuternder Text. Den rechten Abschluss des Fahrerarbeitsplatzes bilden der elektronische Fahrscheindrucker und der Wechsler. Das Belüftungs- und Heizsystem wurde überarbeitet. ***(Peter Remuß)***

Ein Anblick, an den mancher sich erst gewöhnen musste: der MiC N 8012 der Firma Neoplan Auwärter, dessen Stunde erstmals 1990 schlug. Das abgebildete Fahrzeug stammt bereits aus der zweiten Generation (Baujahr 1991), in deren Gestaltung und Konstruktion praktische Erfahrungen mit den ersten Fahrzeugen einflossen.

erprobten Radnabenmotoren bilden eine ideale Basis für die Entwicklung der Serienreife einer Brennstoffzelle, die der Energielieferant der Zukunft sein wird. Aus Wasserstoff und Sauerstoff wird hierbei Energie gewonnen, „Abfallprodukt" ist ausschließlich Wasser. Die Busse wären dann zusätzlich zu ihrer optimalen Fahrgastfreundlichkeit auch noch nahezu ideal umweltfreundlich, ohne Abgase und mit nur noch sehr geringem Geräuschpegel.

Der SL II erfuhr im Laufe der Jahre einige Veränderungen. Die Wagen Nr. 2242 und 2243 (Baujahr 1992) haben zum Heck hin einen „Hüftschwung". Erreicht wurde dieser optische Effekt durch die Vergrößerung der Fenster im mittleren Teil nach unten, wodurch dem Fahrgast die Sicht nach außen erleichtert wurde.

Mit Niederflurbussen ist auch diese junge gehbehinderte Frau wieder mobil. Ohne fremde Hilfe kann sie ihren Rollstuhl selbst in den Bus schieben.

Dieser komprimierte Abriss einer Weltentwicklung ist natürlich für den am Detail interessierten Fachmann mehr als oberflächlich. Mit dieser Darstellung sollte im Wesentlichen hingewiesen werden auf die Möglichkeiten innovativer Ideen in Anwenderunternehmen. Kreativität kann in erfolgreiches Handeln umgesetzt werden, wenn Kräfte in diesen Unternehmen willens und in der Lage sind, die Interessen des Unternehmens und der Kunden optimal zu vertreten – und wenn seitens der Geschäftsführung und der Fahrzeughersteller neue Wege ermöglicht werden. Dabei darf nicht vergessen werden, dass alles, was über das Normale hinausgeht, auch Arbeit bedeutet. Aber Arbeit wurde ja bei der Vestischen noch nie gescheut!

Die Vestische in Afrika

Nicht nur mit ihrem Engagement zur Entwicklung der Niederflurbusse wirkte unser Unternehmen weit über die Grenzen seines Bedienungsgebietes hinaus – nein, auch im afrikanischen Gambia kennt man die Vestische!

Wie ist unser orangefarbener Bus unter die Palmen gekommen? Dies ist das Ergebnis des Einsatzes eines Privatmannes, eines afrikanischen Ministers und der Vestischen: Der Bochumer Wirtschaftsberater Günter Schmitter war Gründer des Hilfsprojektes „Partner für Afrika". Gemeinsam mit dem Minister für Information und Tourismus von Gambia, Dr. Lamin Saho, wollte er in der Provinz Brikama den Menschen beim Aufbau einer Infrastruktur helfen. Die beiden hatten zwei Buslinien geplant: Eine Art „Ringlinie" innerhalb der Provinz und eine afrikanische Version des CityExpress in die Hauptstadt des benachbarten Senegal, Dakar. Doch den beiden fehlte etwas Entscheidendes für die Umsetzung dieser Pläne: Busse! Sie wandten sich 1988 an die Vestische, mit der Bitte um Unterstützung. Mit viel Verständnis für dieses Anliegen verkaufte die Vestische der Stiftung Schmitters fünf Busse zu einem fairen Preis. Die Fahrzeuge wurden in Bremerhaven verschifft und gelangten so nach Gambia.

Allen Beteiligten war aber klar, dass diese bei der Vestischen ausgemusterten Fahrzeuge für die Afrikaner topmoderne „High-Tech"-Gerätschaften waren, mit denen sie nicht umgehen konnten. Es musste sich also ein Spezialist der Vestischen auf den Weg nach Afrika machen, um die zukünftigen Mitarbeiter der zu gründenden „Transgambia Transport Services" mit der Technik der Fahrzeuge vertraut zu machen. Der KFZ-Meister Franz Gzil wurde für diese Aufgabe ausgewählt und so flog er, gemeinsam mit Günter Schmitter, Richtung Äquator.

Schon die Reise gestaltete sich abenteuerlich: *„Bei der Zwischenlandung im Senegal intervenierte das Militär. Wir mussten den Flughafen fluchtartig verlassen und konnten aus dem Flugzeug noch die Militärfahrzeuge auf dem Rollfeld auffahren sehen!"*, erzählt Franz Gzil. Nach dieser Aktion veränderten sich die diplomatischen Beziehungen des Senegal zu Gambia und die Pläne, eine Busverbindung von Banjul nach Dakar aufzubauen, gerieten in weite Ferne. *„Doch das war unser geringstes Problem"*, erinnert sich Franz Gzil. *„Erst mal mussten wir die Fahrzeuge aus dem Zollbereich des Hafens bekommen. Dabei mussten wir feststellen, dass unsere komplette Werkzeugausrüstung gestohlen worden war und sich auch schon Diebe an den Bussen zu schaffen gemacht hatten!"* Einigen Teilen begegnete Franz dann auf dem Schwarzmarkt wieder und musste so seine Erfahrungen mit afrikanischen Verhältnissen machen.

oben:
Die Vestische unter Palmen.
(Sammlung Franz Gzil)

unten:
Franz Gzil mit Minister Dr. Lamin Saho und dessen „Bodyguard".
(Sammlung Franz Gzil)

Auch diese Widrigkeiten wurden überwunden und die Busse waren startklar. „*Es fehlte uns aber an allem: Schreibmaschine, Telefon, Papier und selbst Kugelschreiber – nichts war da!*" Und als die Büroausrüstung da war, musste erst einmal jemand gefunden werden, der gut genug schreiben und lesen konnte, um die „Verwaltung" zu übernehmen. Als auch dieses Problem gelöst war und die Mechaniker ihre ersten Unterweisungsstunden bekommen hatten, gingen die Busse auf Tour. Die Belastung für die Fahrzeuge war enorm, denn die Straßen im Umfeld von Banjul – der Hauptstadt Gambias – waren nicht mehr als festgetretene Sandpisten.

Trotzdem funktionierte der Verkehr im Stundentakt. „*Das mussten die Leute erst mal lernen, dass in einer Stunde der nächste Bus kam. Am Anfang hatten wir Mühe, die Leute davon abzuhalten, sich mit 200 Mann in den Bus zu quetschen, weil sie dachten, es kommt in den nächsten paar Tagen keiner mehr!*" Bei der Erinnerung an diese ersten Tage kann Franz Gzil sich das Lachen nicht verkneifen – aber die Mühe hat sich gelohnt. Als Unternehmen, das seine eigenen Pioniertage nicht vergessen hat, leistet die Vestische gerne Aufbauhilfe, gerade in Ländern, die ohnehin benachteiligt sind!

oben:
Franz Gzil vor dem „Verwaltungsgebäude" der Transgambia Transport Services. Neben ihm die neu eingestellte Sekretärin.
(Sammlung Franz Gzil)

Mitte:
Die Straßen in der Umgebung von Banjul – eine Riesenbelastung für die Busse.
(Sammlung Franz Gzil)

unten:
Als Ersatz für eine Klimaanlage wurden die hinteren Scheiben herausgenommen.
(Sammlung Franz Gzil)

Vom Verkehrsunternehmen zum Mobilitätsdienstleister

Der Kalte Krieg war vorbei, die beiden sich feindlich gegenüberstehenden Blöcke in Europa gab es nicht mehr. Nach dem Zerfall der kommunistischen Diktaturen stürzte Osteuropa in ein politisches Vakuum und die entstehenden jungen Demokratien kämpften mit Anfangsschwierigkeiten. Diese eskalierten zu Beginn der neunziger Jahre im ehemaligen Jugoslawien – die Bürgerkriege der dort lebenden Volksgruppen sind bis heute nicht wirklich beendet.

Während im Osten Europas Staaten in Kleinstaaten zerfielen – die Sowjetunion, die Tschechoslowakei, Jugoslawien – bemühten sich die westlichen europäischen Staaten verstärkt um eine engere Zusammenarbeit. Mit Jahresbeginn 1993 trat der Europäische Binnenmarkt in Kraft, der einen freien Verkehr von Personen, Waren, Dienstleistungen und Kapital ermöglichte. Ende des Jahres folgte der Vertrag von Maastricht, der eine engere Zusammenarbeit auf politischem Gebiet vorsah und aus der Europäischen Gemeinschaft (EG) die Europäische Union (EU) werden ließ. Diese fasste am Ende des Jahrzehnts den Beschluss, die wirtschaftliche Zusammenarbeit auch durch eine einheitliche Währung – den Euro – zu stärken.

Obwohl die Vestische schon seit der Mitte der sechziger Jahre durch die immer größer werdende Konkurrenz mit dem Auto rote Zahlen schrieb, stiegen die Defizite zum Ende der achtziger Jahre noch einmal spürbar an. Die Fahrgastzahlen sanken bei gleichzeitig immer schwieriger werdenden Finanzsituationen in den öffentlichen Haushalten. Die kommunalen Gebietskörperschaften forderten eine Neustrukturierung des Verkehrsverbundes Rhein-Ruhr: Waren bislang die Verkehrsunternehmen Mitglieder des Zweckverbandes, so waren es nun die Vertreter der einzelnen, dem VRR angehörenden Kommunen, und der VRR wurde vom Unternehmensverbund zum Kommunalverbund.

Um den ÖPNV für mehr Menschen attraktiver zu machen, startete der VRR 1991 eine Marketing-Offensive mit dem Ticket 2000. Diese Fahrkarten bedeuteten für die Fahrgäste einen Preisnachlass von 30% und wurden so gut angenommen, dass die Fahrgastzahlen innerhalb kurzer Zeit um 15% anstiegen. Für die Verkehrsunternehmen aber verursachte dieser hohe Preisnachlass weiter steigende Defizite. Die Situation wurde so prekär, dass die Zweckverbandsversammlung 1993 einen Beschluss fasste, der festlegte, dass die abzudeckenden Ausgleichszahlungen auf dem Stand von 1993 eingefroren wurden. Ein höheres Minus als 1993 musste also auf jeden Fall verhindert werden. Der Zweckverband forderte, dass zukünftig bei allen Entscheidungen *„betriebswirtschaftliche Gesichtspunkte und die Bedürfnisse der Bürger mitberücksichtigt werden"*. Diese Vorgabe aus dem Zweckverbandsprotokoll bestimmt auch heute noch die Bemühungen der Vestischen: Durch eine verstärkte Kundenorientierung Fahrgäste gewinnen bei gleichzeitiger größtmöglicher Senkung der Betriebskosten!

Die Vestische ergriff die Initiative, das Verhältnis zu den Kunden zu verbessern und so

Kaum ein Fahrgast kennt sie: die Leitstelle. Und doch wird von hier aus der gesamte Linienverkehr überwacht und bei Problemen wie Verspätungen, Unfällen, technischen Defekten usw. Hilfe organisiert, so dass es möglichst schnell wieder planmäßig weiter geht. Gerade im Dienst ist Verkehrsmeister Fritz Joswig. (Aufnahme von Oktober 1995)
(Peter Mörsch)

Der vordere Niederflurbus am Busbahnhof Gladbeck-Oberhof ist mit dem alphanumerischen Fahrgastinformationssystem ausgestattet. Sein Nachbar bedient sich noch eines Rollbandes zur Anzeige der Liniennummer und des Fahrtziels. (Aufnahme vom 30.11.1996) *(Wolf-Dietmar Loos)*

die Akzeptanz des ÖPNV zu erhöhen. Seit dem Wegfall des Schaffners fehlte Vielen ein persönlicher Ansprechpartner für Fragen und Probleme. Gerade für Fahrgäste, die selten fuhren oder vom PKW auf öffentliche Verkehrsmittel umsteigen wollten, war es oft schwierig, sich mit Linien, Haltestellen und Tarifen zurechtzufinden. Ihnen kann seit 1990 mit Hilfe von EFA, der „Elektronischen Fahrplanauskunft“, in Minutenschnelle ein persönlicher Fahrplan erstellt werden. In den KundenCentern stellen so die Mitarbeiter per Computer die optimalen gewünschten Verbindungen für die Fahrgäste zusammen, auch über das Gebiet der Vestischen hinaus, inklusive Bahnanschluss. Via Internet können sich Computerversierte über den VRR auch selbst die schnellsten Fahrtverbindungen anzeigen lassen. In den Fahrzeugen erleichtert seit 1991 das „alphanumerische Fahrgastinformationssystem“ die Orientierung. Automatisch werden die Haltestellen fortlaufend angezeigt, so dass man seine Ausstiegshaltestelle nicht verpassen kann.

Die neugeschaffene Abteilung Marketing sollte die Kommunikation zwischen den Fahrgästen und ihrem Verkehrsunternehmen verbessern. Bundesweit als erstes Nahverkehrsunternehmen entwickelte die Vestische eine Kommunikationsstrategie unter Einbeziehung auch der potentiellen Fahrgäste, der Entscheidungsträger im Bedienungsgebiet und der Belegschaft. Mit auffälligen Plakataktionen, Info-Broschüren und Veranstaltungen ging die Vestische in die Offensive. So wurde eine Wettfahrt zwischen einem Porsche und einem Bus der CityExpressLinie CE56 organisiert: Hans-Joachim Struck im Porsche verlor! 15 Weihnachtsmänner mit Präsentsäcken erstaunten die Fahrgäste ebenso wie die Bedienung mit Kaffee und

Für die Plakataktion, die die Einführung des CE 55 und CE 56 begleitete, wurde die Vestische 1993 im Jahrbuch der Werbung im Bereich Dienstleistungen/Medien als Sieger in der Branche Tourismus und Verkehr ausgezeichnet. Besonders hervorgehoben wurde, dass im Mittelpunkt der Kampagne *„nicht die Diskriminierung der Pkw-Fahrer, sondern die Schaffung von Sympathie durch aufmerksamkeitsstarke Aktionen in oder an den Bussen“* steht.

Gut gelaunt nehmen Geschäftsführer Georg Aigner (vorne links) und Betriebsdirektor Ulrich Rogat (ganz links) das Qualitätsmanagement-zertifikat entgegen.

Kuchen in den Bussen. Diese ideenreichen Werbeaktionen hatten nicht nur bei den Fahrgästen und in der Bevölkerung einen sensationellen Erfolg, auch die Fachwelt der Werbung war so begeistert, dass sie die Vestische im internationalen Vergleich zum Branchensieger erklärte.

Doch um die größtmögliche Kundenzufriedenheit zu erlangen, reicht ein gutes Marketing-Konzept allein nicht aus. Das ganze Unternehmen musste fit gemacht werden für den Wettbewerb und die Orientierung an den Bedürfnissen der Kunden. Daher entschloss sich die Geschäftsführung, die innerbetrieblichen Organisationsprozesse der Vestischen von der Deutschen Gesellschaft zur Zertifizierung von Qualitätsmanagementsystemen begutachten zu lassen. Die Prüfer dieser Gesellschaft beurteilten das Management der Vestischen nach der europaweit geltenden Norm „DIN EN ISO 9001“. Diese Norm enthält Forderungen, deren Umsetzung durch das jeweilige Unternehmen nachgewiesen werden muss. Ziel hierbei war es, die Organisationsprozesse der Vestischen so zu optimieren, dass die durch die Kunden gewünschte Qualität ihrer Dienstleistung gewährleistet wird. Stellen die Prüfer fest, dass ein Unternehmen diese hohen Ansprüche an ein straffes und effektives Management erfüllt, sprechen sie ihm das Zertifikat für ein Qualitätsmanagement zu. Die Vestische nutzte die Anforderungen dieser EU-Norm für die Organisation der Arbeitsabläufe im Unternehmen und bekam so als eines der ersten Nahverkehrsunternehmen in der Bundesrepublik ein Zertifikat für die unternehmensweite Einführung eines Qualitätsmanagementsystems. Am 31.1.1996 überreichte Joachim Westermann, Staatssekretär im Ministerium für Wirtschaft und Mittelstand, Technologie und Verkehr die Urkunde. Der damalige Geschäftsführer Georg Aigner beschrieb zu diesem Anlass treffend die Motivation der Vestischen: „*Unser Ziel war nicht das Zertifikat, sondern ein funktionierendes System, in dem sich alle Mitarbeiter für die Qualität unserer Dienstleistung verantwortlich fühlen. Nur dadurch wird die Kundenzufriedenheit erhöht und die Ertragslage verbessert.*“ In regelmäßigen Abständen beurteilen die Gutachter nun das Management nach ihrer Liste von Kriterien und prüfen, ob das Zertifikat weiterhin Gültigkeit hat.

Das Qualitätssystem zeigt, dass Kosten senken und Kunden gewinnen unter einen Hut passen kann und soll. Gesagt – getan: Im Bedienungsgebiet der Vestischen entstanden in den neunziger Jahren mit dem CentrO Oberhausen und dem Warner Bros. Movie

Park zwei besonders attraktive Ziele für Einkauf und Freizeit. Die Linienwege von zwei CityExpressLinien wurden so verlegt, dass die Busse die Fahrgäste schnell und bequem zu diesen Anziehungspunkten bringen und ihnen so die nervenaufreibende Parkplatzsuche ersparen können. Der CE 91, der zunächst von Bottrop nach Oberhausen-Lirich gefahren war, führt seit 1996 im 10-Minuten-Takt vom ZOB Bottrop zur Neuen Mitte in Oberhausen und das in nur 16 Minuten – schneller als jeder PKW! Mit dem CE 50 ist der Movie Park in kurzer Zeit erreicht, ohne Stress und Hektik. Den Wünschen der Kunden schnell und flexibel entgegen kommen – das ist das Rezept, um nicht nur Fahrgäste zu behalten, sondern auch neue dazuzugewinnen. Dies bewies sich auch bei der Eröffnung der 50. Ruhrfestspiele am 1. Mai 1996 auf dem grünen Hügel in Recklinghausen. Erstmalig wurde hier ein Pendelverkehr eingerichtet, um das sonst übliche Verkehrschaos zu vermeiden: Moderne Niederflurgroßraumfahrzeuge brachten die Besucher von den großen Parkplätzen in der Stadt im kurzen 10-Minuten-Takt schnell und problemlos zum Kulturspektakel. Die Busse waren teilweise bis zur Kapazitätsgrenze ausgelastet und am Ende des Tages war klar: Die Aktion war ein voller Erfolg! In der Folgezeit wurde das Park & Ride-System zum Ruhrfestspielauftakt weiter ausgebaut.

Im Sinne des Qualitätsmanagements steht der Kunde im Mittelpunkt allen unternehmerischen Handelns. Eine der Bestrebungen, das Angebot der Vestischen für die Fahrgäste angenehmer und attraktiver zu machen, war die Neugestaltung von Wartezonen und KundenCentern. Helle, moderne Beratungsräume und saubere Busbahnhöfe sollen die Zufriedenheit der Fahrgäste erhöhen. Am 1.7.1997 wurde der neue Busbahnhof in Recklinghausen eingeweiht. Das größte Bauprojekt Recklinghausens seit der Errichtung des Festspielhauses beinhaltet 13 überdachte Bahnsteige, eine Tiefgarage und Ladenlokale. Die Fahrgäste werden über eine große elektronische Anzeigetafel über die Ankunfts- und Abfahrtszeiten der Busse informiert. Die Umsteigewege zwischen den Bussen und vom Bus zur Bahn haben sich erheblich verkürzt. Gleichzeitig eröffnete die Vestische ihr neues KundenCenter in der Ladenzeile, wo die Fahrgäste nun in heller, angenehmer Atmosphäre beraten werden können. Neue KundenCenter wurden auch 1998 am Busbahnhof in Bottrop und 1999 am ZOB in Dorsten, im Hertenforum und in Gelsenkirchen-Buer gemeinsam mit der BOGESTRA eröffnet.

Der CE 91 auf seiner Fahrt vom ZOB Bottrop nach Oberhausen an der Haltestelle Werthfeldstraße in Oberhausen. (Aufnahme vom 3.8.1996) ***(Wolf-Dietmar Loos)***

Die Eröffnung des Filmparks „Warner Bros. Movie World" in Bottrop-Feldhausen führte zur Einrichtung einer neuen Linie: CE 50, die sich eines großen Zulaufs erfreut. (Aufnahme am 3.8.1996)
(Wolf-Dietmar Loos)

Doch trotz der Bemühungen um eine ansprechende Gestaltung der Busbahnhöfe lösen solche öffentlichen Plätze bei manchen Menschen, besonders auch bei älteren Personen, Ängste und Unsicherheiten aus. Um das subjektive Sicherheitsgefühl der Kunden in den Fahrzeugen und an den Busbahnhöfen zu erhöhen, hat die Vestische mit Hilfe des Landesprogramms „Sicherheit und Service im ÖPNV" in der zweiten Hälfte der 90er Jahre 13 Mitarbeiter zu Service- und Sicherheitsfachkräften ausbilden lassen. Die aus dem Mitarbeiterkontingent gebildeten Serviceteams begleiten die Fahrgäste freundlich und kompetent, sie betreuen und beraten. Das Serviceteam ist auch dann zur Stelle, wenn jemand nicht weiß, wie man sich benimmt. Das Prinzip lautet: Der Fahrgast soll sich

Endlich ist es soweit: Bei strahlendem Sonnenschein wird am 1.7.1997 der neue ZOB Recklinghausen eröffnet, direkt vor der Tür des Hauptbahnhofes. Die Vestische hat keine Mühen gescheut, um diesen Anlass mit ihren Kunden (und solchen, die es noch werden wollen) im Rahmen eines Einweihungsfestes zu feiern. Gastronomische Angebote direkt neben den Bussteigen verkürzen eventuelle Wartezeiten. Der alte Busbahnhof vor dem Arbeitsamt hat damit ausgedient und wird als Pausenplatz genutzt.
(Fa. Klare)

Die Busschule in Aktion: Eine Maßnahme, die …

betreut und der potentielle Täter beobachtet fühlen!

Ebenfalls mit öffentlichen Mitteln gefördert wird ein anderes Projekt der Vestischen, das der Betreuung besonders der kleinen Fahrgäste gewidmet ist: die Busschule. Kinder im Alter von sechs bis zwölf Jahren entdecken beim Besuch der Busschule auf dem Betriebsgelände in Herten Interessantes, Neues und Spannendes rund ums Busfahren und finden heraus, wie es hinter den Kulissen eines Verkehrsbetriebes aussieht. Dabei üben sie spielerisch sicheres und soziales Verhalten bei der Nutzung öffentlicher Verkehrsmittel. Täglich wird eine Schulklasse oder eine Vorschulgruppe aus den Kindergärten im Bedienungsgebiet zum Besuch der Busschule abgeholt. So sind es seit dem Auftakt im August 1997 bis zum Redaktionsschluss dieses Bandes über 15.000 Kinder, die in der Busschule ihr „Diplom für sicheres Busfahren“ bekommen haben. Das Konzept kam bei Kindern, Eltern und Institutionen so gut an, dass es schon 1997 vom damaligen Bundesminister für Verkehr Matthias Wissmann im Rahmen eines deutschlandweiten Wettbewerbs des ADAC als Sieger in der Kategorie „Bus und Bahn“ ausgezeichnet wurde.

In den Beförderungsbedingungen gab es ebenfalls eine Neuerung, die den Kunden zugute kommt: Abends, nach 20.00 Uhr, hält der Fahrer auf Wunsch auch zwischen den regulären Haltestellen, um den Fahrgästen den Ausstieg zu ermöglichen und so den Fußweg nach Hause zu verkürzen. Ein Vorteil gerade für Personen, die nach Einbruch der Dunkelheit nicht mehr gerne allein unterwegs sind.

… im November 1997 auf dem Bonner Petersberg von Bundesverkehrsminister Wissmann (ganz links) mit einem Bundespreis ausgezeichnet wurde. Geschäftsführer Ulrich Rogat (2. v. links) und Projektleiterin Cornelia Wegener nahmen die Urkunden entgegen. Ganz rechts der Präsident des ADAC Otto Flimm.

Seit 1998 sind sie auf dem „Weg zur Kultur" – die neu gestalteten Busse des Kulturprojektes. (Peter Liedtke)

Unkonventionelle Wege beschreitet die Vestische auch mit ihrem „joint venture" mit den örtlichen kulturellen Institutionen „Ruhrfestspiele", „Neue Philharmonie" und der „Philharmonia Hungarica": „Vestische – Ihr Weg zur Kultur" ist seit 1998 das Motto eines gemeinsamen Projektes, innerhalb dessen die Vestische mit der Gestaltung von drei Linienbussen und der Umbenennung der Haltestelle „Depot" in „Neue Philharmonie" Werbung für diese Kulturträger macht. Im Gegenzug sicherten diese der Vestischen bei Veranstaltungen ihre kostenlose Unterstützung zu.

Ein Verkehrsunternehmen wird an seiner Leistung gemessen, daran, ob es den Menschen der Region ein effektives und auf ihre Bedürfnisse abgestimmtes Nahverkehrsnetz bieten kann. Ständig arbeitet die Vestische an der Optimierung des Linienangebotes. Lücken im Netz wurden geschlossen, wie die bis dahin fehlende Nord-Süd-Verbindung zwischen Haltern, Datteln und Castrop-Rauxel: Mit dem neuen CE 58 können die Fahrgäste seit dem 1.7.1997 „in einem Rutsch" das ganze Bedienungsgebiet durchqueren. Anschlüsse an die Züge der Deutschen Bahn AG genießen Priorität in den Planungen. Die Einführung des „integralen Taktfahrplans" der Bahn brachte 1998 spürbare Vorteile für die Reisenden – kürzere Reisezeiten, bessere Anschlüsse und neue Strecken. Natürlich gaben die Planer bei der Vestischen ihr Bestes – trotz Termindrucks – und bis zum Fahrplanwechsel im Herbst waren so viele Linien wie möglich an den ITF angepasst. Die Neuordnung des Schnellverkehrsangebotes im Ost-Vest wurde zu einem weiteren Plus für Reisende und Berufspendler: Der StädteSchnellBus SB 24 verbindet seit dem 30.5. 1999 Recklinghausen, Oer-Erkenschwick, Datteln, Waltrop und den Dortmunder Stadtteil Mengede im komfortablen 30-Minuten-Takt. Die Inbetriebnahme des neuen SB 24 stellte noch eine Neuerung dar – zum ersten Mal verkehrte ein StädteSchnellBus im Netz der Vestischen auch an Sonn- und Feiertagen und bis in den Samstagabend hinein!

Im selben Jahr erhielt Haltern ein völlig neues Stadtliniennetz. Unter dem Motto „Haltern hat's!" gingen sechs StadtLinien und eine CityExpressLinie im Juni 1998 in Betrieb. Die Fahrgäste profitieren seitdem von übersichtlichen Abfahrtszeiten, besserer Erreichbarkeit der Freizeitziele, der regelmäßigen Bedienung der Ortsteile im Stundentakt und guten Anschlüssen an die Bahn. Auch abseits gelegene und weniger anwohnerstarke Ortsteile wurden nicht vergessen: Für die Menschen, die hier wohnen, sichert ein AnrufSammelTaxi die Mobilität mit öffentlichen Ver-

Das Leben eines Busses kann aufregend sein: Nach jahrelangem Einsatz im Ruhrgebiet werden diese Busse im Mai 1994 von den beiden KFZ-Schlossern Wolfgang Möller (im Bus) und Markus Pohl auf Eisenbahnwaggons geladen für die lange Reise …

kehrsmitteln. Nach telefonischer Anmeldung sammeln diese Taxen, die z. T. mit den normalen VRR-Fahrkarten genutzt werden können, die Fahrgäste an festgelegten Haltestellen ein.

Die schönste Belohnung für jeden Planer ist es, wenn seine Angebote gut aufgenommen werden. In „Haltern hat's" geklappt: ein Plus von 155.000 Fahrgästen nach nur einem Jahr! Damit nutzen mehr als 1 Million Fahrgäste in einem Jahr die Busse der Vestischen in Haltern.

Trotz aller Bemühungen gilt natürlich auch für die Vestische das englische Motto: Nobody's perfect! Nichts und niemand kann immer alles perfekt machen. Für Kunden, die einmal Grund haben, unzufrieden zu sein, gibt es seit Beginn der 90er Jahre einen Ansprechpartner bei der Vestischen. Da jede berechtigte Kritik ein Verbesserungsvorschlag ist und Ansporn, die Qualität noch zu verbessern, wird jede Eingabe der Fahrgäste nicht nur gründlich überprüft, sondern auch per Computer erfasst. Die anschließende Analyse der Fahrgastwünsche fließt in die weiteren Planungen und die zukünftige Arbeit ein. Denn die Mitarbeiter der Vestischen wissen: Es gibt nichts, was man nicht noch besser machen könnte!

Der Kunde ist König – und sein Urteil genießt größte Bedeutung. „Kundenmonitoring" und „Direktmarketing" sind die Zauberwörter in der Befragung der Fahrgäste nach ihrer Meinung über die Vestische. In persönlichen Gesprächen und Anrufaktionen durch Call-Center wurden Tausende von Fahrgästen gebeten, die Leistungen der Vestischen zu bewerten – und siehe da – die Ergebnisse waren überraschend gut: Der überwiegende Teil der Fahrgäste vergab die Noten „gut" bis „befriedigend". Zufriedene Kunden sind das Ziel der Vestischen und diese Zufriedenheit nicht nur zu schaffen, sondern auch zu erhalten, wird in Zukunft die Aufgabe der Vestischen sein!

… nach Russland!

Eine weitere witzige und beliebte Aktion der Vestischen: Der „Busman" überraschte Groß und Klein an Busbahnhöfen und Vorverkaufsstellen!

Straßenbahn und Bus – keine Männerdomäne mehr!

Die Frauen und Männer, die heute bei der Vestischen arbeiten, sind ein gutes Team mit gleichberechtigten Mitgliedern – in einem modernen Unternehmen eine Selbstverständlichkeit. Doch Frauen wurden nicht immer selbstverständlich in einem „Männerbetrieb“ akzeptiert.

Durch den Ersten Weltkrieg erlangten Frauen erstmals Zugang zu Verkehrsbetrieben. Die Männer fehlten – welche Wahl blieb den Verantwortlichen? 1915 wurden die ersten Schaffnerinnen bei der Vestischen eingestellt, die zunächst auf drei Linien arbeiteten. Doch trotz der zögerlichen Haltung der (männlichen) Geschäftsleitung mussten sie bald auf sämtlichen Linien eingesetzt werden. Nach der Rückkehr der Männer durften sie wieder gehen.

Seit den 20er Jahren gab es in einigen Betrieben Werksfürsorgerinnen, deren Schulung 1935 das Frauenamt der DAF übernahm. Diese wurden nun „soziale Betriebsarbeiterinnen“ genannt und sollten die Frauen zu rationeller Haushaltsführung und „rassehygienischem Verhalten“ erziehen. „Die Frau als Mutter“ lautete bis Mitte der 30er Jahre die Parole, das „Ehrenkreuz der deutschen Mutter“ wurde Frauen verliehen, die mehr als vier Kinder bekommen hatten. Eine Kampagne gegen Doppelverdiener und die Einführung eines Ehestandsdarlehens sollten die Frauen animieren, ihre Arbeitsplätze für arbeitslose Männer freizumachen und sich ins Ehe- und Familienleben zurückzuziehen. Nur die Ausübung „wesensgemäßer“ weiblicher Berufe in der Haus- und Landwirtschaft blieb ihnen unbenommen. Das Frauenamt setzte sich vor allem nach Kriegsbeginn für „frauengemäße“ Arbeitsplätze ein, die den „typisch weiblichen“ Eigenschaften entsprechen sollten: Fingerfertigkeit, Monotoniefreudigkeit und mangelndes Interesse an Technik.

Schaffnerinnen im Ersten Weltkrieg: Ziska Bertels und Agnes Finke (verh. Sattler)
(Sammlung Klaus Sziegat)

Schaffnerin Anna Kurasch, geboren 1899, dienstverpflichtet während des Ersten Weltkrieges im Jahre 1917. Sie hatte schwer an dem dicken Uniformmantel zu tragen, der fast bis an die Knöchel reichte.
(Sammlung Franziska Wuwer)

Ein Fahrer mit Schaffnerinnen während des Ersten Weltkrieges vor dem Tw 18 (Baujahr 1907) mit Anhänger. ***(Sammlung Klaus Sziegat)***

Doch zur selben Zeit zwang der Arbeitskräftemangel in der Industrie die Regierung zu einem Richtungswechsel: Die Frauen wurden als Arbeiterinnen gebraucht. Der Mitte 1941 eingeführte Kriegshilfsdienst bedeutete für die jungen Frauen – nach Ableistung einer halbjährigen Pflichtzeit im Reichsarbeitsdienst (RAD) – ein weiteres halbes Jahr der Zwangsverpflichtung zu einer vom Staat bestimmten Arbeit. Zunächst waren die unverheirateten Frauen an der Reihe; ab 1942 wurden auch Familienmütter dienstverpflichtet. Am 20.4.1942 erließ Fritz Sauckel, Gauleiter und Generalbevollmächtigter für den Arbeitseinsatz, eine Verordnung, die Frauen zum Einsatz in kriegswichtigen Betrieben verpflichtete. Dazu gehörten auch körperlich schwere Arbeiten in der Produktion, wofür die Frauen allerdings schlechter bezahlt wurden als ihre männlichen Kollegen.

Bei den Vestischen Straßenbahnen gab es seit dem 1.5.1941 eine hauptamtliche „soziale Betriebsarbeiterin", die den Betriebsarzt unterstützen sollte. Diese hatte sich u.a. um 14tägige Erholungskuren für die weiblichen Beschäftigten zu kümmern. Auf Ebene der Partei wurde vor der physischen Überbelastung der Frauen gewarnt, weil man als daraus resultierende Folge politische Illoyalität befürchtete. Deshalb wurden von der DAF, NSV (Nationalsozialistische Volkswohlfahrt) oder LVA (Landesversicherungsanstalt Westfalen) Kuren durchgeführt, die während des tariflich zustehenden Urlaubs angetreten werden mussten. Ziele waren deutsche Erholungsgebiete (wie Schwarzwald, Erzgebirge, Ostsee, Sudetenland) – ausnahmsweise sogar die Riviera. Dort sollten die Frauen wieder zu Kräften kommen, um anschließend gestärkt ihre Arbeit wieder aufnehmen zu können. 1941 konnten 3 Frauen eine solche Kur antreten, 1942 insgesamt 35 und 1943 noch 30.

> Bei Reihenuntersuchungen „hat sich bis jetzt herausgestellt, dass die meisten unserer dienstältesten Schaffnerinnen sehr erholungsbedürftig sind. Vor allem lässt bei diesen der körperliche Allgemeinzustand sehr zu wünschen übrig. Ich bitte Sie deshalb, diese Frauen bei den nächsten Erholungskuren berücksichtigen zu wollen".
>
> *Schreiben der sozialen Betriebsarbeiterin an Kreisverwaltung DAF Recklinghausen vom 1.6.1942*

Am 1.9.1939 wurden die ersten Schaffnerinnen eingestellt; Ende des Jahres zählten 81 zu den 924 Beschäftigten. Eine große Auswahl an Arbeitsplätzen gab es für Frauen damals noch nicht. Florentine Hennigfeld hatte in einem jüdischen Geschäft gearbeitet, das von der SA zerschlagen und geschlossen wurde. *„Da war ich zum Arbeitsamt, und da hieß es: entweder Chemische Werke oder Vestische Straßenbahn. Da hab ich gedacht: Da will ich lieber auf die Straßenbahn als ins Gift."* 1940 gehörten 225 Schaffnerinnen zu den 1.073 „Gefolg-

Eine der ersten Frauen bei der Vestischen im Zweiten Weltkrieg: Florentine Hennigfeld, fotografiert bei ihrem Dienstantritt am 1.9.1939. ***(Sammlung Florentine Schäfer)***

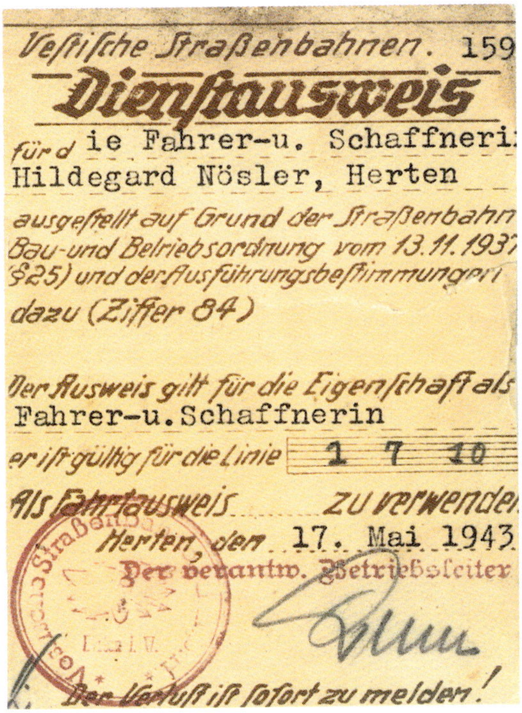

Vestische Straßenbahnen. 159
Dienstausweis
für die Fahrer-u. Schaffnerin
Hildegard Nösler, Herten
ausgestellt auf Grund der Straßenbahn Bau-und Betriebsordnung vom 13.11.1937 (§25) und der Ausführungsbestimmungen dazu (Ziffer 84)
Der Ausweis gilt für die Eigenschaft als
Fahrer-u.Schaffnerin
er ist gültig für die Linie 1 7 10
Als Fahrtausweis zu verwenden
Herten, den 17. Mai 1943
Der verantw. Betriebsleiter
Der Verlust ist sofort zu melden!

Der Dienstausweis von Hildegard Nösler vom 17.5.1943, ausgestellt und damit gültig für die Linien 1, 7 und 10. *(Sammlung Hildegard Wischnewski*

schaftsmitgliedern". Bis Ende 1941 stieg ihre Zahl auf 288 (von 1.100 Mitarbeitern) und ein Jahr später waren es sogar 382 (von 1.176). 1944 bekam die Vestische zusätzlich 30 so genannte Kriegshilfsdienstmaiden zugewiesen, die als Schaffnerinnen in Bottrop eingesetzt wurden.

Die männlichen Fahrgäste flirteten häufig mit den feschen Schaffnerinnen. Gern brachten sie dabei den Spruch an: „Schaffnerin, du kleine, zeig mir deine Beine!" Tatsächlich gab es die ein oder andere Heirat zwischen Schaffnerin und Fahrgast. Zwischen Schaffnerin und Fahrer nebenbei bemerkt übrigens auch.

Der Dienst während des Krieges war schwer – für alle. Eine Schaffnerin erinnert sich: *„Dann ist eine Schaffnerin auf dem Wagen gewesen, Bomben, tot. Von morgens 3 Uhr auf den Beinen, und abends um halb 7, 7 Uhr kamen wir hier am Depot an. Der ganze Beiwagen durchlöchert wie ein Sieb. Eine Frau war noch da drin. Die war auch tot. Es war grauenvoll. Wie die Bomben so fielen, oder plötzlich gab's Alarm. Man lag so auf der Strecke, und die schnurrten so über einem."* Florentine Hennigfeld erzählt: *„Das war immer schlimm. Wenn wir gerade am Bunker waren, war es gut. Aber wenn wir unterwegs waren, und dann saßen wir im Wagen und dann die Flugzeuge – dann sind wir nicht weitergefahren."*

Die ständige Angst vor Bombenangriffen, die Flucht in den Bunker – für manche Nerven war das zuviel. Auch für die einer Schaffnerin vom Betriebshof Bottrop, die seit dem 7.9.1939 in Diensten der Vestischen stand. Die soziale Betriebsarbeiterin wandte sich an die Kreisverwaltung Emscher-Lippe des Amtes für Volkswohlfahrt mit der Bitte um einen Platz bei einem Verwandtentransport nach Ostpreußen für diese junge Frau, da sie *„infolge der Anstrengungen im Dienst gesundheitlich völlig zusammengebrochen"* sei und nach ärztlichem Gutachten dringend einer längeren Erholung bedürfe. Wegen Überbelegung dieses Transportes konnte ihrer Bitte nicht entsprochen werden.

Ab April 1943 wurden die Schaffnerinnen zu Fahrerinnen umgeschult – die verstärkte Einziehung der Männer auch aus kriegswichtigen

Nach einer Melodie von Hans Lang sang Rudolf Carl folgenden Text von Erich Meder:

„Liebe kleine Schaffnerin"

„Einsteigen, bitte! Einsteigen, bitte!",
ruft sie jedem laut ins Ohr.
„Bleiben Sie bitte nicht in der Mitte.
Gehen Sie doch endlich mal vor!"

Liebe kleine Schaffnerin,
sag, wo fährt dein Wagen hin?
Liebe kleine Schaffnerin,
pling – pling – pling –
sag, wo fährt dein Wagen hin?
pling – pling – pling.
Liebe kleine Schaffnerin,
gern bleib ich im Wagen drin.
/:Und ich küsse dann sehr galant
deine kleine entzückende, kleine
berückende
Fahrkarten zwickende Hand.:/ […]

Die ersten 10 Straßenbahnfahrerinnen der Vestischen 1943: in der Mitte Fahrlehrer Frank Kubiak, umgeben u.a. von Gertrud Zyprian, Bernhardine Hartje, Hildegard Nowicki, Paula Scheimann und Hildegard Nösler. ***(Sammlung Hildegard Wischnewski)***

und Rüstungsbetrieben machte sich deutlich bemerkbar. Vorher durften sich die Frauen nur heimlich als Fahrerin betätigen. Florentine Hennigfeld hatte eine Lehrschaffnerin auf dem Wagen, die einen Tag später ihre Prüfung machen sollte. *„Da sag ich: 'Sie werden morgen abgenommen, heute müssen Sie mal alleine schaffnern. Machen Sie alles alleine – ich gehe vorne zu dem Fahrer.' Ich geh zu dem Fahrer und sag zu ihm: 'Fahrer, lassen Sie mich mal ein bisschen kurbeln. Die muss ja heute alleine fertig werden.' Dabei bin ich aufgekippt.“* Ein Kontrolleur war zufällig just in dem Augenblick mit seinem Auto an der Straßenbahn vorbeigefahren. Sein Kommentar dazu: *„Na, dann können Sie sich ja zur Fahrerin ausbilden lassen.“*

Zur Jahreswende 1943/44 waren von insgesamt 990 Beschäftigten im Fahrdienst 660 weiblich. Nach Kriegsende wurden die Frauen nicht sofort entlassen. Zunächst ersetzten sie noch einige Jahre die Männer, die in Kriegsgefangenschaft waren. 1948 gehörten von knapp 1.500 Beschäftigten 380 Frauen zum Fahrpersonal.

So ganz einfach hatten es die Frauen in jenen Jahren nicht, als vollwertige Arbeitskräfte akzeptiert zu werden. Das äußerte sich z.B. in der Frage der Einkleidung in Geschäftsberichten aus dieser Zeit. *„Eine Neubeschaffung von Uniformen für das weibliche Personal erscheint unter den gegebenen Verhältnissen nicht wirtschaftlich. Auf der anderen Seite haben die Frauen ein Anrecht auf Uniform.“* Benachteiligt fühlten sich die Frauen, weil sie nur vier statt (wie die Männer) fünf Uniformteile erhielten, dafür aber die gleiche Vergütung zahlen mussten. Seitens der Verwaltung wurden übrigens zunächst nur Uniformen für das männliche Fahrpersonal geordert. Erst als dieses versorgt war, erklärte sich die Verwaltung bereit, *„für das weibliche Fahrpersonal gleichfalls sorgen zu wollen“.*

Hier sind es die Schaffnerinnen Maria Giera (verh. Widera) und Ingeborg Vorwerk, die 1948 vor dem Tw 11 (Baujahr 1907) in die Kamera lächeln. ***(Sammlung Klaus Sziegat)***

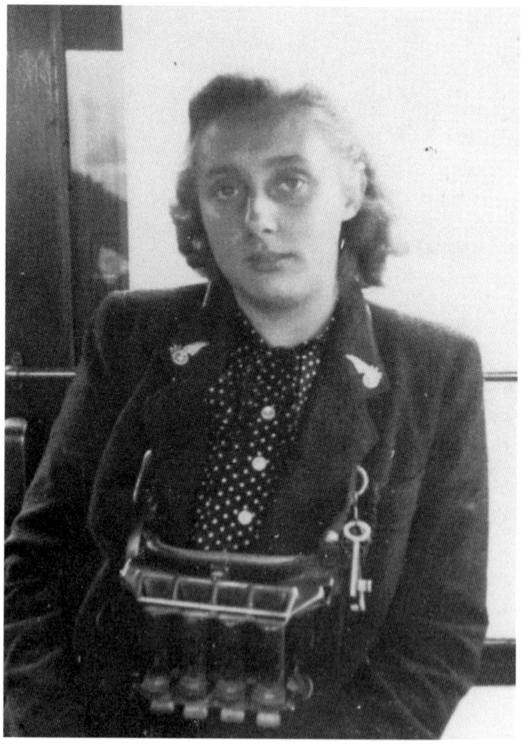

Schaffnerin Elisabeth Tschackert (verh. Krafczyk) um 1949 auf der Linie 4 Meckinghoven-Waltrop-Brambauer. Um den Hals trägt sie den Wechsler, an dem die Dienstschlüssel hängen. Am Kragenspiegel ist das Abzeichen befestigt, das sie als Straßenbahnerin ausweist: das Flügelrad mit einem Flügel. ***(Sammlung Manfred Krafczyk)***

Dahinter steckten grundsätzliche Bedenken hinsichtlich der Leistungsfähigkeit der Frauen. Aber: „*Es wird allgemein für zweckmäßig gehalten, an dieser Frage nicht zu sehr zu rühren, weil damit auch unbedingt die Frage des weiteren Einsatzes für die Frau im Fahrdienst angeschnitten werden muss.*" Dieser Einsatz wurde allemal für zeitlich befristet gehalten. Deshalb wollte die Verwaltung „*sich nicht zu sehr viele Frauenjacken einlagern, weil doch mit der langsamen Verringerung des Frauenbestandes zu rechnen ist. Man einigt sich, nicht zu unterscheiden zwischen solchen Frauen, mit deren Abgang noch zu rechnen ist und solchen, die aus sozialen und sonstigen Gründen an ihrem Beschäftigungsverhältnis bei uns festhalten werden.*"

Festgehalten haben 1955 noch 70 Frauen an ihrer Stelle im Fahrdienst. Eine weitere Verringerung des Frauenanteils wurde durch die Arbeitsmarktlage verhindert: Der Mangel an männlichen Arbeitskräften verhalf vielen Frauen zum Verbleib im Berufsleben. Trotzdem blieb die Firmenleitung den Frauen gegenüber zunächst skeptisch eingestellt, teilweise aus Gründen der Effektivität, teilweise aus Sorge um den innerbetrieblichen Frieden: „*Ferner können die Schaffnerinnen im Autobusbetrieb nicht eingesetzt werden, weil erwiesen sei, daß das männliche Personal hierfür geeigneter ist. Durch den Nichteinsatz im Autobusbetrieb haben die Schaffnerinnen einen angenehmeren Arbeitseinsatz gegenüber den männlichen Bediensteten.*"

Doch nichtsdestotrotz wurden 1957 73 so genannte Kurzdienstschaffnerinnen eingestellt, überwiegend ehemalige Betriebsangehörige, deren tägliche Arbeitszeit bei 4½ Stunden lag. Nachdem die Wagen ohne Schaffner und Schaffnerinnen fuhren, reduzierte sich der Anteil der weiblichen Beschäftigten erheblich. 1971 gab es unter 675 Angehörigen des Fahrpersonals (223 Straßenbahn, 452 Bus) nur noch 17 Frauen. Im Jahr darauf gab es unter ihnen wieder Straßenbahnfahrerinnen.

Eine von ihnen war Ruth Auer, die im Sommer 1966 als Schaffnerin in Bottrop angefangen hatte. „*Da gehört einfach ein bisschen Mut zu, Leute anzusprechen und Haltestellen ausrufen und Auskunft geben. Ich bin klein und mittendrin in vielen Leuten stehen...*". Sie hat sich überwunden und es geschafft. Doch bald hieß es: arbeitslos oder Straßenbahnfahrerin werden. Sie wollte ihren Arbeitsplatz nicht verlieren und dachte: „*Was die Männer schaffen, das wirst du irgendwie auch schaffen.*" Doch ihre Entscheidung stieß nicht überall auf Verständnis: „*Wie, du willst wohl den Männern den Arbeitsplatz wegnehmen? Kannst du nicht heiraten?*"

Eine flotte Damenriege: Schaffnerinnen vom Betriebshof Recklinghausen 1948, von links: N.N., Bürki, N.N., Maria Giera (verh. Widera), Sonja Rittner. *(Sammlung Klaus Sziegat)*

Die Umstellung von Straßenbahn auf Bus warf die Frage nach der Weiterbeschäftigung der Straßenbahnfahrerinnen auf. 1974 sollten sie zunächst in einem Modellversuch umgeschult werden zu Busfahrerinnen. Ruth Auer war wieder dabei. „*Mitten unter Männern in der Fahrschule als Frau. [...] Wir hatten auch viel Spaß in der Fahrschule gehabt. Das kann ich nicht anders sagen. [...] Dann ging es nachher mit Fahren los. Das wurde alles neben der Arbeit gemacht. [...] Ein bisschen Angst hatte ich schon gehabt.*" Und dann kam die Prüfung: „*Erst die Männer natürlich, ich als einzige Frau: 'Na, die wird ja schon Klöpse drehen. Das ist ja wohl klar. Das schafft die doch nie.'*" Aber

Eine Schaffnerin Mitte der 1950er Jahre im Dienst. Sie hat Platz genommen auf dem Schaffnersitz. Zur Ausgabe der Fahrkarten dient der Almex-Drucker, der vor ihr auf einem kleinen Brett montiert ist. Daneben befinden sich die Knöpfe für die Bedienung der Türen.

Michaela Figisiak am Steuer „ihres" Busses. *(Peter Liedtke)*

sie schaffte es. *„Es ist erst mal schwer reinzukommen in einen Männerbetrieb. Aber wenn man drin ist, ist es gut. [...] Ich hatte keine Sonderstellung. Da haben die Männer sehr fein drauf geachtet, dass ich gleiche Arbeit machen musste, weil ich ja gleiches Geld verdiente."*

Heute stellt sich die Situation der Frauen bei der Vestischen ganz anders dar. Frauen in traditionellen Männerberufen erstaunen im neuen Jahrtausend niemanden mehr. Obwohl immer noch in der Minderheit, gehören Frauen als Busfahrerinnen, Polizistinnen oder Handwerkerinnen inzwischen zum Berufsalltag. Sogar der Weg in die Bundeswehr steht Frauen gesetzlich nun genauso offen wie Männern.

Selbstbewusst, freundlich und kompetent leisten zur Zeit 47 Frauen ihre Arbeit bei der Vestischen. Seit 1992 ist Birgit Isenbort mit dabei: *„Ich bin schon immer gerne Auto gefahren"*, erzählt sie. *„Am Anfang war mir schon etwas mulmig zumute, einen so großen Wagen durch die Straßen zu manövrieren. Mittlerweile ist es Routine geworden"*, erinnert sie sich an ihre ersten Fahrten mit den 18 Meter langen Gelenkbussen. Längst haben sich die Fahrgäste daran gewöhnt, Frauen am Steuer der Busse zu sehen und nur ganz selten passiert das, was Marina Wolf erlebte: *„Als eine ältere Dame mich am Steuer sah, wollte sie zuerst nicht in meinen Bus einsteigen. Auf Drängen ihres Mannes ist sie dann doch mit mir gefahren."* Aber auch in diesem Fall gab es ein Happy End: *„Hinterher hat sie sich entschuldigt und gesagt, dass ich das toll gemacht hätte"*, erinnert sich Marina Wolf mit einem Schmunzeln. Was die Fahrkünste angeht, weiß Birgit Isenbort: *„Männer und Frauen fahren beide gleich gut. An die Größe der Fahrzeuge gewöhnt man sich schnell und die Arbeit macht Spaß!"* Besonders für junge Frauen ist der Beruf interessant. Mit 35 Jahren liegt das Durchschnittsalter der Fahrerinnen deutlich unter dem der Fahrer mit 41 Jahren. Dumme Sprüche von den männlichen Kollegen gegenüber den Frauen gibt es nicht – im Gegenteil: Die Arbeitsatmosphäre ist entspannt, lustig und kameradschaftlich. Genauso, wie es sein sollte!

Fit für die Zukunft

Die kommunalen Nahverkehrsunternehmen stehen im neuen Jahrtausend vor großen Herausforderungen. Bestehende Strukturen werden durch die EU-Wettbewerbsgesetzgebung in Frage gestellt. Die angespannte Finanzlage der öffentlichen Haushalte zwingt zusätzlich zum Handeln.

Die EU stellte fest, dass der Ausgleich von Defiziten der öffentlichen Verkehrsbetriebe durch die Kommunen gegen die Gerechtigkeit im freien Wettbewerb verstößt und legte fest, dass diese Abdeckung der Restdefizite nur noch auf Grundlage eines zeitlich befristeten Sanierungskonzeptes zulässig ist. Ziel dieses Sanierungskonzeptes ist es, die öffentlichen Verkehrsunternehmen in wettbewerbsfähige Wirtschaftsunternehmen mit voller Eigenwirtschaftlichkeit umzuwandeln. Sobald Defizite eingefahren werden, müssen zukünftig diese Verkehre ausgeschrieben werden. Den Zuschlag erhält das Unternehmen, das das wirtschaftlichste Angebot abgibt. Das Umlagesystem, das die Finanzierung des öffentlichen Personennahverkehrs im VRR regelte, lief zum 31.12.1999 aus. Der Zweckverband VRR verlängerte die bestehenden

Verbundverträge noch einmal für drei Jahre. Spätestens nach Ablauf dieser Frist muss ein Sanierungskonzept für die kommunalen Verkehrsunternehmen vorliegen, das in den Folgejahren umgesetzt werden soll.

Die Vestische befindet sich durch die EU-Gesetzgebung in einer verstärkten und verschärften Wettbewerbssituation. Ziel ist nun der Erhalt der Vestischen in ihrer ursprünglichen Struktur. In allen Unternehmensbereichen muss das betriebswirtschaftliche Handeln und Denken auf die aktuelle Situation ausgerichtet werden, denn ansonsten besteht die Gefahr, dass die Vestische bei Ausschreibungen Liniennetze oder einzelne Linien verliert. Dies würde letztendlich dazu führen, dass das Unternehmen dem Wettbewerb nicht standhalten kann und Arbeitsplätze verloren gingen.

Zum Erhalt der Arbeitsplätze wurden tarifliche Bestimmungen und betriebliche Anwendungsvereinbarungen gemeinsam mit den Gewerkschaften festgelegt. Im Zuge dieser Vereinbarungen konnte z.B. die Dienstplangestaltung durch eine Erhöhung von geteilten Diensten und mehr Teilzeitbeschäftigung optimiert werden. Saldenkonten zur Reduzierung von bezahlten Überstunden sparen dem Unternehmen Geld und bieten den Mitarbeitern mehr Möglichkeiten zur Freizeitgestaltung.

In allen Unternehmensbereichen konnte durch betriebliche Maßnahmen die Produktivität gesteigert werden. Da alle Verkehrsunternehmen im VRR sich in der gleichen Situation befinden, wird auch gemeinsam für den Wettbewerb gerüstet. Als „Kooperation Östliches Ruhrgebiet" arbeiten seit 1999 vier öffentliche Nahverkehrsbetriebe enger zusammen, um Kosten zu sparen und neue Kunden zu gewinnen: Die BOGESTRA, die HCR, die Dortmunder Stadtwerke und die Vestische unterzeichneten eine Kooperationsvereinbarung, die Aufgaben wie bereichsübergreifende Fahrausweiskontrollen, gemeinsame Fahrzeugbeschaffung, gemeinsame Ausbildung, Austausch von prämierten Verbesserungsvorschlägen und vieles andere mehr beinhaltet. Die Zusammenarbeit spart nicht nur Geld in den Unternehmen, sondern kommt auch den Fahrgästen durch ein höheres Maß an Anschlusssicherung zwischen den verschiedenen Verkehrsbetrieben zugute.

Als die Länder, Kreise und kreisfreien Städte Deutschlands am 1. Januar 1996 durch eine Gesetzesänderung die Verantwortung für den öffentlichen Nahverkehr selbst übernehmen durften, bekamen sie auch die Verpflichtung mit auf den Weg, das Angebot auf seinem damaligen Niveau zu halten bzw. wenn möglich noch zu verbessern. Seitdem wird im Gebiet der Vestischen jeder Kilometer Busangebot zwischen den verantwortlichen Aufgabenträgern (dem Kreis Recklinghausen und den Städten Bottrop und Gelsenkirchen) und der Vestischen abgestimmt. Als Hilfsmittel werden die Nahverkehrspläne in Zusammenarbeit mit der Vestischen und externen Gutachtern erstellt, in denen die Vorstellungen und Wünsche der Aufgabenträger zum Liniennetz, zur Angebotsdichte und zum Qualitätsstandard festgelegt sind. Ist ein Nahverkehrsplan vom Stadtrat verabschiedet, wird er vom Verkehrsunternehmen umgesetzt.

Zum Ausbau des Servicenetzes gehört auch und nicht nur der weiter verstärkte Einsatz von Service- und Sicherheitskräften. In immer mehr Städten gehen die Ordnungsämter, die Polizeidienststellen und die Verkehrsunternehmen Ordnungspartnerschaften ein. Durch die erhöhte Zusammenarbeit soll den Fahrgästen der Aufenthalt in den Wartezonen und den Fahrzeugen angenehm und sicher gestaltet werden.

Der schon in den neunziger Jahren eingeschlagene Weg zur vermehrten Kundengewinnung durch ein immer attraktiveres Linienangebot wird weiter verstärkt. Die Umsetzung des Nahverkehrsplanes für Bottrop am 24.9.2000 war der bis dahin größte Fahrplanwechsel in den vergangenen Jahr-

Ein weithin sichtbares Zeichen der Kooperation der Verkehrsbetriebe: Die neuen Fahrzeuge im Design der NRW-Landesfarben wurden im Oktober 2000 der Öffentlichkeit vorgestellt. ***(Peter Liedtke)***

zehnten bei der Vestischen. Mit deutlichen Angebotsverbesserungen für den Bereich Bottrop/Gladbeck/Gelsenkirchen wurden Takte und Betriebszeiten noch leistungsstärker. Von den Neuerungen waren alle dort verkehrenden Linien betroffen. So gibt es für Bottrop und Gladbeck montags bis freitags bis ca. 19.00 Uhr einen generellen 20-Minuten-Takt. Durch Linienüberlappungen entsteht in den Hauptverkehrszeiten auf vielen Strecken sogar ein 10-Minuten-Takt. Die Betriebszeiten werden auf allen in Bottrop verkehrenden Linien am Wochenende bis ca. 0.30 Uhr ausgedehnt. Mit einem NachtExpress, der an Wochenenden und Feiertagen ab Mitternacht bis in die frühen Morgenstunden die Nachtschwärmer einsammelt, hält ein neues Verkehrsmittel Einzug in das Bedienungsgebiet der Vestischen. Der „NE 21“ fährt zunächst von Oberhausen bis zum Bottroper ZOB und soll später über Gladbeck bis Gelsenkirchen-Buer verlängert werden.

Neue, flexiblere Bedienungsformen sind das zukünftige Bindeglied zwischen ÖPNV und Individualverkehr. Angebote wie das AnrufSammelTaxi oder das AnrufLinienTaxi, die verstärkte Zusammenarbeit von öffentlichen Verkehrsunternehmen, Autovermietungen und Taxiunternehmen spiegeln die Tendenz der Individualisierung des öffentlichen Mobilitätsangebotes wider. Dazu gehört auch der Ausbau von Schnittstellen zwischen öffentlichen und privaten Fahrzeugen – den Park & Ride und Bike & Ride-Möglichkeiten –, die das Umsteigen vom Auto oder Fahrrad auf Busse und Bahnen fördern und in Zukunft zu einem sinnvollen Zusammenspiel der Verkehrsmittel führen können. Mit solchen Maßnahmen kann man auch Menschen, die in weniger frequentierten oder abseits gelegenen Gebieten wohnen oder arbeiten, einen Zugang zum öffentlichen Mobilitätsnetz bieten. Teil dieses Trends ist der TaxiBus – ebenfalls neu auf der Palette des Netzes der Vestischen –, der im Zuge der Umsetzung des Nahverkehrsplanes in Bottrop Fahrgäste nach telefonischer Anmeldung an festgelegten Haltestellen aufnimmt und an ihr Ziel bringt.

Für den Erfolg von solchen neuen Angeboten ist es wichtig, den Menschen den Zugriff auf Fahrplan- und Tarifinformationen in der Zukunft immer weiter zu erleichtern. Schon heute können die Fahrgäste über Kunden-Center, Hotlines und das Internet auf die Informationen aus dem Elektronischen Fahrplanauskunftssystem EFA zurückgreifen. Bald soll es sogar möglich sein, über das Handy Sollfahrpläne abzurufen und sich einen Überblick über die aktuelle Verkehrslage im Bus- und Bahn-, Straßen- und Luftverkehr zu verschaffen. Um deutschlandweit und auch international konkurrenzfähig zu werden und zu bleiben, müssen neue technische Entwicklungen so schnell wie möglich auch im ÖPNV-Bereich angewendet werden.

So ist z.B. das „Electronic Ticketing“ Teil der kreativen Marketingstrategien, die den Weg der Verkehrsunternehmen zu modernen marktorientierten Dienstleistern begleiten. Die Fahrausweise werden schrittweise auf Mikrochips umgestellt. Nachdem der Chip zuerst den Papierausweis ersetzt hat, wird er später zum Instrument für Steuerung und Abrechnung. Jeder Ein- und Ausstieg wird automatisch registriert und später abgerechnet – zum jeweils günstigsten Tarif. Doch nicht nur die Fahrgäste genießen die Vorteile dieser einfachen Handhabung, denn das Verkehrsunternehmen erhält so ohne großen Aufwand exakte Daten über die Auslastung von Linien und Fahrzeugen. Diese Daten ermöglichen dann nicht nur die wirtschaftliche Einsatzplanung, sondern auch ein besseres Bild über die Bedürfnisse der Kunden.

Die Verkehrsunternehmen müssen sich solche Möglichkeiten zunutze machen, um im wahrsten Sinne des Wortes „den Zug der Zeit nicht zu verpassen“! So hat sich die Vestische den Grundsatz des Technikers und Erfinders Thomas A. Edison zu eigen gemacht: *„Wenn es einen Weg gibt, etwas besser zu machen, finde ihn!“* Mit persönlichem Engagement der Mitarbeiter, mit Mut zu Innovationen und unerschütterlichem Zusammenhalt auch und besonders in schweren Zeiten hat die Vestische in der Vergangenheit allen Widrigkeiten getrotzt. Die Vestische Straßenbahnen GmbH hat 100 Jahre lang den Menschen in der Emscher-Lippe-Region preiswerte, umweltfreundliche und attraktive Mobilität geboten – und sie wird es auch in Zukunft tun!

Anhang

Betriebsstatistik

	Straßenbahn-Streckenlänge in km	Omnibus-Streckenlänge in km	beförderte Personen in 1000	Personalbestand
1901	13	–	781	62
1911	49	–	5.516	230
1921	118	–	19.969	952
1931	179	122	14.842	690
1941	189	100	41.126	1.100
1951	190	221	41.313	1.384
1961	136	750	58.417	1.539
1971	68	949	48.939	1.086
1981	11	1.000	46.100	1.126
1991	–	1.342	50.262*	1.216
2000	–	1.305	ca. 55.000*	1.024

* inkl. Schwerbehinderte und Übersteiger

Fahrzeugbestand

	Straßenbahnbetrieb				Busbetrieb	
	Triebwagen			Beiwagen	Motorwagen	Anhänger
	2-achsig	4-achsig	Gelenk			
1901	10	–	–	7	–	–
1911	37	–	–	25	–	–
1921	93	–	–	65	12	–
1931	104	–	–	74	27	6
1941	109	–	–	81	15	5
1951	109	–	–	78	25	6
1961	46	29	31	13	108	4
1971	2	28	35	1	201	–
1981	–	–	24	–	295	–
1991	–	–	–	–	286	–
2000	–	–	–	–	263	–

Der Geschäftsführung der Vestischen Straßenbahnen GmbH gehörten an:

Heinrich Arnold	1901 – 1933
Regierungsbaumeister a.D. Leo Queck	1933 – 1957
Dr. Hermann Götte	1935 – 1940
Oberstleutnant a.D. Hildebrand Quehl	1945 – 1949
Dr. Peter Hartmann	1955 – 1964
Karl Steinhart MdL	1962 – 1986
Dipl.-Ing. Hans Posautz	1963 – 1966
Dipl.-Kaufm. Karl Wilhelm Schüller	1964 – 1986
Dipl. oec. Bernd Wilmert	1986 – 1991
Dipl.-Ing. Georg Aigner MdL	1986 – 1996
Dipl.-Ing. Ulrich Rogat	seit 1995